録文庫 26

日本語録／日本女性語録

新学社

装丁　水木　奏
カバー書　保田與重郎
文庫マーク　河井寛次郎

目次

はしがき　12

日本語録

日本語録／日本女性語録

使用テキスト　保田與重郎全集第十七巻（講談社刊）

日本語録

はしがき

古人の言葉を選んで一冊子に編むことは、史興に卽して修養に資すものであるが、本書は著者のこれまでの讀書に當つて心にとゞめた偉人の言行を、或ひは改めてふりかへりつゝ集錄したものである。しかし一卷の目的としては、先人の言葉を中心にして、我國の歷史の精神をうつすことにあつた。語錄も亦歷史の書である。從つて今日の現實の思想と、或ひは我々の生成の理より考へ、今日に必要重大と思惟される史上の人物五十名を選び、その言行を註しつつ、日本の歷史觀をいさゝか明らかならしめようとしたのである。

勿論入るべき人物にして入らなかつた者も數多く、また入れられた中に於ても、さらに適當の語句にとりかへたいものもあらうが、今日は今日の考へに從ひ、補遺は他日に期するのである。

採錄した語句については、本文中で出典を明らかにしなかつたものもあるかと思はれるが、すべて直接に誌されたもの、ないし古い典籍に從ひ、近代の作家の物語類よりは、一句も選ばなかつた。

我國の人物は、その述志を多く和歌によつて展いてゐるから、これを一冊の語錄として、語と歌の配合を如何に整へるかは、多少の工夫を要したところである。なほ古來の偉人の言行として傳るものは、一見多いやうに思はれて、しかも人口に膾炙するものが案外に少いこともわかつたから、それらの配置にもやゝ心を使つたのである。

人物の排列、言葉の對置に於ても、若干の技巧を試みたが、それは一定の限度に止る。著者は一箇の趣味や抽象的な教化觀によつて、本書を著したものでなく、我國の歴史の精神を明らめる目的に立脚したからである。

語句の出典は一應の根據と正確を期したが、本書のもつ一般的性格を考へ、語句のうち難解のものや讀み難いと思へるものには、あるひは漢字を當て、或ひは解釋を附した。かゝる書物の性格として、多分に時代的色彩を帯びることが當然ではあるが、著者は努めて永遠な我が歴史觀を明らかにしようとしたのである。それは、現代に對する著者の思想だからである。

昭和十七年三月十六日

著者しるす

愼んで怠ること勿れ

倭《ヤマト》姫《ヒメノ》命《ミコト》

倭姫命は垂仁天皇の第二皇女で、初めて天照大神を伊勢の五十鈴川上《イスズノカハカミ》にお祀りになつたお方である。倭姫命は、大神の御神體を捧げて、大和の宇陀郡から近江國美濃國を廻られ伊勢に到り給うた時、大神は倭姫命に「是の神風の伊勢の國は、常世《トコヨ》の浪の重浪《シキナミ》歸する國なり、傍國《カタクニ》の可怜《ウマシ》國なり」とお教へになつた。倭姫命は、大神のこの御教へのまゝに、こゝに神社を立てられた。これが今の伊勢神宮の起りである。

この大神の御詞の中の、常世《トコヨ》の浪のしき浪寄する國といふのは、遠い海の外から浪が重なり合つて寄せてくる國といふ意味である。傍《カタ》國といふのは、海邊に片よつた國といふ解釋と、堅固な國といふ解釋の二つがある。堅國な國といふのは、立派な國といふ意味である。

わが國の上古に於ては、大神と、天皇とは、同じ殿に、床を共にして、鎭座遊ばしてゐたが、崇神天皇の御代に、大神を大和笠縫邑《カサヌヒノムラ》に祀り給ひ、豐鍬入姫命《トヨスキイリヒメノミコト》が奉仕されたのである。そして次の垂仁天皇の御宇に倭姫命が、伊勢國を、神の御教へによつて、大神を祀る所と定められ、そこに神社を立てられた。

　このことは、わが國の歴史の上で非常に大切なことであつて、このことの大切さについては昔からの學者も注目してゐる。そして色々に解釋してきた。わが國の歴史の學問といふのは、昔のあれこれのことや、此から起ることを研究することでなく、傳つてきて今あり、これから先に傳つてゆく理法の現れをしらべることである。

　倭姫命が我國の歴史の上で重大な契點にゐられるのは、大神を、伊勢に祀られた御方だからである。「倭姫命世記」といふ本は、神道の五册の大切な本の一つとなつてゐる。この本は倭姫命の御事をしるしたもので、そこには倭姫命が、かしこく美しく又しとやかな御女性だつたと誌されてゐる。

　倭姫命は、日本武尊の御姨《ミヲバ》に當らせられ、日本武尊の兩度の征旅に御關係が深い。その時の倭姫命の御心持や御心遣ひは、我が上代の女性の、最も美しい、かしこい性格をよく示されたものであつた。

　大神を伊勢國にお祀りになつた時代は、國土の經營と共に、海外の宣撫もまさに始らうとする時代であつて、日本武尊はこの國土經營のために御生涯を終られた。日本武尊は西の熊襲を伐つ時にも、まづ伊勢に詣でられて、倭姫命に會はれ、この時は倭姫命の御衣《ミソ》御裳《モ》を賜つて行かれた。尊はこれを著けて、少女の姿となり、熊襲の建《タケル》の兄弟をうちたひらげられたが、東の蝦夷をうつ旅にゆかれる時にも、また倭姫命から御力づけの御言葉をうけられた。

この東征の御時の有様は古事記に詳しく描かれてゐて、本居宣長は古事記のこのところの記述は、よく日本の道義《ミチ》の自然《オノヅカラ》の現れを示したものであるといふことを強調してゐる。

日本武尊がいよ〳〵伊勢を出發される時に、倭姫命は、尊に草薙劍と、また別に一つの御嚢《ミフクロ》を賜ひ、「若し急《トミ》の事あらば、この嚢の口を解きたまへ」と申された。尊が燒津《ヤキツ》で賊の火攻めにあはれた時、劍によつて火を拂はれたが、この時に倭姫命のお教へを思ひ出されて嚢をひらかれると火打が入つてゐた。この火打で向火を著けて、賊を燒き退けられたのである。

「古語拾遺」は、平安時代の初めに、上代よりの名家だつた齋部氏の廣成が、自分の家の語り傳へを記録したもので、平城天皇の敕によつて著した本だが、この中に、倭姫命が日本武尊に草薙劍を賜ふ時、誨へ諭されて、「愼んで怠ること勿れ」と仰せられたと誌されてゐる。

この愼しむといふことと、怠るなといふことは、すべての教へと行ひの根本である。愼しんでゐるといふことは、特に軍陣に從ふやうな日には、何もしてゐないやうに見える怖れがあるが、ここが大切なところである。非常な自覺と自信がなければ、愼しんで怠けないといふことは不可能である。

軍陣に從はれる尊の場合は、大將としてはいつも活動を示すことが武威として必要である。しかし日本の皇軍は戰ひに克つことが、同時に皇風の文化を宣布することであり、つねにこの二つが一つとなつて行はれねばならぬのである。ところが文化といふ方は、動かざること山の如くであることが、その威力を現す根柢である。倭姫命はこの點を誨へられ、日本武尊はそれをよく守られた。特に非常の日には、愼しむ者は怠り易く、怠らぬものは愼しみを忘れ易い。

倭姫命はわが上代の女性の一方の典型にましまし、典雅で賢明でしかもやさしくて浪曼的な御方であつた。上代のすぐれた女性たちのもたれた、男にまさる勇敢さと對象される、しとやかなものを、御性格とせられた御方である。

大和は國のまほろば

日本《ヤマト》武尊《タケルノミコト》

日本武尊は御生涯を征旅の中に終へられた。尊は最も高貴の皇子に生れましたが、皇《スメラガ》朝廷《ミカド》の臣のふみ行ふべき道を、御身御自らでお教へになつたのである。

初め出雲から九州、山陽の賊を平げられたが、熊襲建《タケル》兄弟をうつときは、この日本の丈夫といふ丈夫のうちでも、神の如くに雄々しい君は、一箇のやさしい少女の姿になつて強敵をたふされたのである。

尊の御生涯を誌した古事記の部分は、古事記の中でも最も重要な部分であり、悲劇といふ形式の文學としては、どこの國の作品にも匹敵するものがない。普通の悲劇は、英雄と運命の闘ひを描いてゐる點で、文學の中の最高のものであるが、尊の御傳記は、大君のみことを、わが生命の原理として生きた最も偉大な英雄の姿が描かれた點で、比較がないのである。尊の御物語の場合には、歴史の傳統があるが、運命はないのである。こゝに於て悲劇は忽ちに抒情詩として描かれるのである。

尊はどのやうな勝利さへ、勝利と考へられない。これは最も雄渾なわが古典の精神を示されたものである。尊は、御墓を三度移られ、最後には白鳥となつて天へ昇られてゐる。戰ひに生涯を終へて、數多の强敵を限りなく倒されつゝ、しかも勝利といふことを知られなかつたのである。神の思召しのまゝに、大君のみことのまゝに、戰へと命をうけて戰はれた時、戰ひといふものは、臣の生き方として、どういふものであるかといふことを、我々に十分に教へられたのである。

だから尊が熊襲の建を刺されるとき、建が少し待つて下さいと懇願して、尊の御勇武をたゝへ、尊こそ日本の一等すぐれた勇者だから、日本武《ヤマトタケル》といふお稱《トナヘ》をさゝげたいと云つた。尊はこの名を心よくおうけになつた。しかも熊襲建を許す代りにこれを徹底的に誅伐せられた。これは古典の思想の激しいところであり、こゝには大衆小説的な憐憫心理《アハレミノコヽロ》の思ひ難い激しさがある。さうしてこれこそ敵を遇する一つの精神であり、尊はつねに敵を敵として認められたから、この激しさがあらはれたのである。古代の風懷が神のさながらでなければ、この至烈の誠心は人間に現れぬのである。彼の稱へた御名だけをうけて、彼を許すといふことは、思想として成立たないと考へるところに、上代の生命觀と歷史觀があらはれるのである。

尊は最も勇武の英雄にして、しかも詩人にましました。わが英雄は、みな臣の道を激しく行つた者である。尊の御作になる御歌は、古事記、日本書紀及び熱田神宮の緣起等に十數首あつて、これらは最も古代の風雅の典型であり、わが文學史上の偉大な作品として、近頃は多くの人々にも唱へられてゐる。

神代の素戔嗚尊は、その御使命と御性格が、日本武尊に似給ふ神で、平安朝の歌よみたちは和歌の神祖として素戔嗚尊を祀つたが、後鳥羽院以後の隠遁詩人時代には、日本武尊を連歌俳諧の御祖として專ら祭祀したのである。

日本武尊の東征に從はれた妃弟橘姫の御ことは知らぬ者がない。尊がいよ〳〵東國を去つて西に移られる時、東國の方を望まれて、「ねもころに歎かして、吾嬬《アヅマ》はやと詔りたまひき」とあつて、このお言葉によつて、尊の御ことが語り傳へられ、それを戀ひ慕つた東國の者はみな、己らの地を「あづま」と呼ぶやうになつたと云はれてゐる。今も文化の政治《マツリゴト》は、かくの如くありたいのである。特に何かをどのやうにか變形して、未だ皇化に浴せぬ者に與へる方法を考へるまへに、尊が「あづまはや」と歎かれ、そのおことばに未開の地の者が感動したといふ心の事實は、今もあらゆる人心の感動の母胎として殘つてゐるものだからである。もしさういふものの殘つてゐることが信じられぬ時は、力を以て抑へ滅す以外に外のみちはない。しかし我々はわが皇神の道を信じ、あらゆる者の心に、必ず神機にふれるもののあることを確信してゐる。

「大和は國のまほろば」といふのは、尊が伊吹山で難にあひ給ひ、大和へ歸ります途中、能煩野《ノボヌ》で崩《カク》ります時に歌はれた御歌の中の一句である。その時の御歌は四つある。

倭は　國のまほろば　たゝなづく　青垣山　隱《コモ》れる　大和し　美し
命の　全《マタ》けむ人は　疊菰《タヽミコモ》、平群《ヘグリ》の山の　隱白檮《クマカシ》が葉を　髻華《ウズ》に插《サ》せ　その子
はしけやし　吾家《ワギヘ》の方よ　雲居起ち來《ク》も

をとめの　床のへに　吾置きし　つるぎの太刀　その太刀はや

みな千古の御作である。今の人もこれをよんで心うたれることは、その日にいさゝかも變りない。國のまほろばといふのは、眞本《マホ》といふ意味で、ろばは助辭だと宣長は云うてゐる。眞本といふのは絶對的な本《モト》といふことである。それゆゑその國は山川の相《ナリ》が限りなく美しいのである。

服《マツロ》ふ者を殺す勿れ

神功皇后

三韓親征に當つて神功皇后の定められた軍令として五ケ條が日本書紀に出てゐる。これは漢文の修飾と思ふ人もあるが、上古にも軍令としてかゝる例はあつたと思はれる。その五ケ條は、

一、金鼓《カネツツミ》節無く旌旗《ハタ》錯亂する時は、則ち士卒整はず
一、財を貪り多欲にして私を懷き內に顧《カヘリ》みせば、必ず敵の爲に虜《トラ》はれむ
一、其の敵少くとも輕んず勿れ、敵强くとも屈する勿れ
一、奸暴の者は聽《ユル》す勿れ、自に服《マツロ》ふ者を殺す勿れ
一、戰勝たば必ず賞有り、背走する者は自ら罪有らん

神功皇后の三韓征伐は、熊襲の背後にある勢力を伐つ爲に敢行されたが、それを敢行されるについてはかなり障りが多かつた。重慶軍の背後勢力を伐つことが、まさに大詔の神威によつて行はれた如く、三韓征伐の時も、その神威の現れが古事記に誌されてゐる。熊襲をさしおいて元兇たる新羅を伐つといふことを、危み氣づかふ議論をなす人々もあつた

が、その時天照大神の御旨をうけた住吉の神が皇后にあらはれて、新羅を伐つことを諭されたのである。

皇后はこの軍令を下されるまへに、まづ男貌《マスラヲノスガタ》を遊ばされて、「夫《ソ》れ師《イクサ》を興《オコ》して衆を動かすことは國の大事なり、安危成敗必ずこゝに在り、今征伐する所あらんとす、事を以て群臣にさづけんに、若し事成らざれば、罪は群臣に在らむ、是れ甚だ傷《イタ》き事なり、吾は婦女《タヲヤメ》にして、またをさなし、然れども暫く男貌《マスラヲノスガタ》を假《カ》りて、强ひて雄略を起し、上は神祇の靈を蒙り、下は群臣の助に藉《ヨ》りて、兵甲を振し、嶮浪を渡り、艫舟を整へて、以て財土を求めん、若し事就《ナ》らば、群臣共に功あり、事就らざれば、吾獨罪有り、旣に此の意あり、其れ共に議《ハカラ》へ」と申された。この詔は、今日もよく考へて、わが皇風をしたふ心で思ふべきところである。

これに報《コタ》へて群臣らは「皇后天下の爲に宗廟社稷を安くす所以を計り給ふ。且つ罪は臣下に及ばず、と頓首して詔を奉《ウケタマハ》る」と申す。これは漢文の潤色でないことを、厚く慮り讀み味ふがよいと、有名な「日本書紀通釋」を著した飯田武郷も云うてゐる。

我國の御親征の思想について、日本書紀にはかくの如くに描かれてゐるのである。この國風は深く心に奉戴すべきところである。この役は、わが皇神《スメカミ》の御教であることは、申すまでもないが、皇后の深い御思慮に出たことの事情は、この群臣の奉詔の詞によつて明らかである。

しかし古事記はこゝまでにひいたことを一切誌してゐないのである。さうして神の御教へがあつたのち、直ちに征伐の状に移つて描いてゐる。こゝに古典としての古事記と日本書紀の異るところがあつて、もつと澤山のかうした例から、二つの古典の思想を、古の學者は判別したものであつた。

日本書紀のこの部分は、わが國初めての大規模な外征を誌したところであるから、その紀の著者も極めて深重に誌されたことと思はれるし、又こゝにはわが古典の精神を多分に示されてゐるのである。その點について漢文の潤色として一概に輕く見てはならぬと、飯田武鄕も注意したのである。

皇后の舟師が出發された時、海中の大小の魚が浮上つて、舟を負ふやうにして進み、その上に追風が盛んに吹いた。さうして船の波が新羅の國の中ばまでとゞいた。新羅國王は波が國の中まで入つてきたのに驚いたが、なす術を知らず、群臣を集めて會議しようとしてゐる時に、皇后の軍が到着し、軍鼓をならして攻めたてた。こゝに新羅王は「吾聞く、東に神國あり、日本《ヤマト》と謂ふ、亦聖王ありて、天皇と謂ふ、必ずその國の神兵ならん、豈兵を擧げて拒む可けんや」と云うて、素旆《シロハタ》をあげて自ら服《マツロ》ひ、わが天神地祇のまへに誓ひを立てた。

武鄕はこの新羅王の言は必ず彼の新羅の實錄であらうと云つてゐる。神國或は神兵として日本を云ふ例はこの以前にないのである。何となれば、神國といふことは、傍國の意識によつて明らかになることであつて、神國である我國は、それを意識するまへに古の道のまゝに行つてゐたのである。だから下つた世になつて、「古の道」と云うた時は、それは神の道を云ふ意味である。古の道は、神の道そのまゝのものであつた。

三韓征伐は、皇神の御教へのまゝに行はれ、神威によつて卽ち敵國を服《マツロ》はせたのである。さうして新羅に賴つてゐた、九州の賊臣らはこれ以來一變して皇朝に服從するやうになつたのである。奸暴の者は許す勿れ、服ふ者は殺す勿れといふのが、皇后の軍令であり、「服ふ」とはすでに書紀に明記された如く、わが天神地祇に誓ひ、その道に從ふことである。

日出づる處の天子、書を日沒する處の天子に致す

聖德太子

聖德太子は我國文化の上で色々の大事業を遊ばされた御方であるが、その大きい眼目は、わが國を當時の支那や新羅に對して、優位におかうとされたことにあつた。

今から考へてさういふことが大たい不可能だと思ふものは、地と人の量を見て、歴史と國の質を見ぬ者である。太子は創造的な御方であつたから、今日の日本の新時代が考へてゐる、日本觀を、千三百有餘年前の日に構想せられたのである。さうして太子は大陸の文化を學ぶことをなされたが、學ぶこと自體に目的があつたのでない。この御精神は太子の御著述になる教典の註釋の中に、原文批判の形でよく現れてゐると近代の學者も云うてゐる。

他國の長をとつて、國を強くするといふ考へと、他國を學ばねば國がつよくならぬとする考へ方とは、一見似ているやうで、非常に異るのである。前者は自信に發し、他國の文化物產を掌の上にして考へる態度であるが、後者の方は自信がなく、さうしなければ國が

不安だといふ焦躁に發する。文化をとり入れるといふことは必要であるが、世界人類の文化は必ずおのづからに我が帝都に集つてくるものである。さうして帝都に集つてくること

によつて、新しい光をうるものである。

太子の御思想は、我國を如何にして當時の東洋の强國と對抗させ、さらに優位におくか

に腐心せられた。その間に於て、や、功にいそがれたところがあるくらゐである。しかし

それは、當時の日本の國內の政治外交上の分裂が餘りにひどかつたからである。さういふ

內情は半島の情勢に反映して、任那の日本府は消滅し、それを復興せよといふ欽明天皇の

御遺詔が、太子施政の第一の課題であつた。この御遺詔は、太子の時代からさらに大化改

新の課題ともなつたのである。

こ、にあげた「日出處天子致書日沒處天子」といふ詞は、よくその目的を形の上で示さ

れてゐるのである。この詞は、日本から隋國に與へた國書の中の冒頭であるが、隋の歷史

書である隋書に出、日本書紀には出てゐない。これを見て隋王は日本から對等に扱はれた

のを不快がつたといふことが書かれてゐる。しかし聖德太子の御精神は、隋と對等に國勢

をなすといふことが目的であつた。その上に出なかつたところを、古來の學者の中には殘

念がつたが、止むを得なかつた。

太子の文化政策もみなこ、から出たもので、十七ケ條憲法の精神もみなこ、に發してゐ

る。その第一條の「和を以て尊しとなす」といふ條にしても、當時の政情から考へねばよ

く理解されぬ。又第十四條に群臣百僚の互に嫉妬することなきを警しめられ、第十五條で

は私怨を公務に及さぬことを教へられ、第十六條では民を使ふには時期を選んでせよと教へられてゐる。

この第三條の中に、承レ詔必謹とさとされ、君臣の分を明らかにせられたのは、大化改新の精神の先蹤である。當時は大貴族の横暴がしば〱皇威をかくすものがあつたからである。

また第十七條に於て「大事は獨り斷ずべからず、必ず衆と宜しく論ずべし」と申されてゐる。この憲法は實に久しく長く、今に及んで我國の政治道德の基本となつた。更にこの憲法の中には、官吏は早く出廳し、おそくまで執務せよといつた、現實的なこともあげられてゐる。

ところが古來からこの憲法に敬神の事を第一にあげて無いことを論じた學者が少くなく、又これに對し、敬神の項はこの憲法の性格として不要だといふ學者もあるが、不要といふ考へ方は、治國の根本を情勢時務論視するものであつて、これはたしかに敬神を第一にあげて全部を統率さるべきであつた。それが太子の御眞意と考へたいのである。そしてこの考へ方を形の上で明白に表現したのが、大化改新の忠臣蘇我石川麻呂であつた。

太子の御傳記は、古來無數にあるが、みな潤色されたものが多い。殊に僧侶が、尊崇の情と、自己保身の兩途をかねて、偉大な太子の功業を、佛家の私にせんとしたことから、太子を謬り傳へたことが多いのである。太子の御傳記を考へるものは深くこの點を思ふ必要がある。

例へば、守屋合戰に當時僅十四歳の太子が陣頭に立たれたといふ如きは、佛家の小說である。尙、太子の蘇我馬子に對する御處置については、種々の意見が古來の學者の間に出されてゐるが、これは云ひ難いところである。

いづれにしても太子の盛な御偉業の蔭にかくれて、私慾の佛家や墮落した敎團組織が、太子を自己擁護の防塞とする如き風潮は最も大きい冒瀆であり、又罪害である。彼らによつて太子の御精神の傷けられつゝあることははかり知れぬものがある。その上に太子はかゝる佛家敎團を否定する敎義觀をもたれた御方であつた。

先づ神祇を祀り後政事を議《ハカ》るべし

蘇我石川麻呂

皇極天皇の三年六月十二日蘇我入鹿を誅し、十四日孝徳天皇御卽位、十九日大化と年號を建て給ふ。石川麻呂はこの十四日に右大臣となつた。大化改新はこゝに決定したが、この石川麻呂は大極殿で入鹿を誅する日、三韓の表文をよんで刺客を誘導指揮する大任をひきうけた。ところが表文の終りに及んでも壯士飛び出さず、遂に進退窮る感にうたれて、聲はふるへ發汗して止まらぬ。入鹿が怪んで如何されたかと問ふ。石川麻呂は聲をしづめて天皇の御側近きゆゑと答へたといふが、これは大丈夫の叡智の現れで、玆に中大兄皇子御自ら聲を勵してとび出され、入鹿を斬られるといふ契點をひき出した。鎌足は弓矢をつがへて、ものかげにゐたのである。

改新の成否は中大兄皇子にあらはれた神威にあつた。國史に於てこゝをよむとき、一讀して神威に畏怖するものがある。まことに史上に比類ない、危機の場面である。このさき中大兄皇子は天皇の御側近くに於て、姦賊を討つことについて、天皇の大御心を驚かし奉ることをしきりに苦しまれたが、鎌足はその然らざる理由を説いて、大義の現れを明らかにした。

蘇我氏は無道の者と思はれてゐるが、それは馬子の一家のことで、大化以前に於ても、忠臣がこの家から出てゐる。大化改新の第一の忠臣石川麻呂も蘇我氏の有力者である。大化の時の功臣は鎌足であるが、忠臣と云ふべきは石川麻呂であつた。これは改新の前後を見るとき明らかなことである。この石川麻呂は、わが忠臣の最も大なる人物の一人である。

新政成立し、孝徳天皇卽位されたのち七月十二日、天皇は「皇風の跡に遵《シタガ》つて天下を治める」由を詔され、翌十三日に阿部左大臣と蘇我右大臣を召して、百姓官民の悅ぶこゝろを以て民を使ふ路を問ひ給うた。その翌日石川麻呂が奉答した詞が「先づ以て神祇を祭《イハ》ひ鎭《シツ》めて、然る後に應に政事《マツリゴト》を議るべし」といふことばである。

これは大化改新の根本精神と源流を明らかにしたものであつて、この石川麻呂の奉答によつて、大化改新の精神と源流が、決して漢風模倣の文明開化主義でなかつたことが明らかとなつたのである。勿論大化二年に出た改新の詔をよく考へた人の意見によると、その中には國風が根本となつてゐる由が知られるといふが、この改新の初め、朝廷の群議がなほ改新の大精神を決定し得なかつた日に、國の傳統を明確にした石川麻呂の功績は實に大きかつた。

史上の大變革は、つねに青年の熱情を根柢力として行はれ、しかも青年の思想は變化し易い。石川麻呂の如きはすでに長老であつたから、純一無比の思想の持主であつた。從つて改新の政治が少しづつ變貌してゆく時、ある一派にとつて邪魔な存在となる。これは石川麻呂が頑迷の保守派だつたからでなく、彼のもつた思想が、改新の政治の當初の理想を持續したからである。改新後の石川麻呂の運命を見て、彼を殘存保守勢力の代表とするのは、明治維新に於ける西郷隆盛を封建勢力の殘存代表と見る如き誤謬である。大化改新に於ける石川麻呂は、明治御一新に於ける西郷隆盛に似てゐる。しかもその最後は、石川麻呂の方が一層純一であつた。

大化五年三月十七日に左大臣阿部内麻呂が薨じた。その二十四日譖する者があつて、石川麻呂は浪速の新都を逃れ、故郷の大和山田の山田寺へ入つた。官の討手があとを追つてくるのである。

その時大和の家には長子興志がゐて、この兵を防ぎ、無實の證を立てようと意氣込む。しかし山田麻呂はこれを許さず、「汝は生命を惜しむか」と教へた。そして二十五日、山田寺の衆僧や家人を集めて自分の決意を云つた。「人の臣たる者は、如何なることといへども君に逆はぬものである。又人の子は孝といふことを失つてはならぬ。凡そ伽藍《テラ》は自身のために建立するものでなく、天皇の奉爲《オンタメ》を誓つて作るものである。今度自分は人に譖言せられて、誅されようとしたが、いささか黄泉にゆくについて望みがあつた。それは忠を心に懷いたまゝでこの世を去りたいといふことである。この寺へ歸つてきたのは、たゞ京師の爭闘場で死せば、この心懷が紊れることのあるかも知れぬことを怖れ、こゝに歸つてきた。この靜かな故里の周圍の中で、たゞその忠の一途を心に懷きつゝ、死にたかつたからであつた。」

これは言々句々老臣の孤忠をよく示して、よむ者を泣かしめる。そしてこの訓戒が終ると共に佛殿の戸を開いて、誓を立て、「願《ネガハクハ》我《ワレ》生々《セイ〳〵》世々《ヨヽ》不レ怨二君王一《ニクンワウヲウラマズ》」と云ひ、自殺した。興志を始め妻子の殉死する者八人。この翌日も山田寺では殉死者多く、次で寺は殺戮をうけた。しかし間もなく中大兄皇子は石川麻呂が譖をうけた證明を知られ、深く悲嘆せられた。石川麻呂の最後の訓戒誓言は、わが國忠臣の思想の一極致を示すものである。彼は大化改新の大精神を神祇によつて云ふと共に、日本佛教者の精神を教へた最初の最大の人物であつた。

大君《オホキミ》は神にしませば天雲《アマクモ》の雷《イカツチ》の上
に廬《イホリ》せるかも

柿本人麻呂

わが大君を、大君は神にしませばと歌ひ上げ奉ることは、天武天皇の壬申の歳以後さかんであつて、壬申の歳の武将大伴御行の歌に

大君は神にし座《マ》せば赤駒の匍匐《ハラバ》ふ田井《タヰ》を京《ミヤコ》となしつ

この歌もよい歌である。

人麻呂は天武天皇の御代の初めに少年であつたらしい。彼が歌つた思想は、日本思想の深奥の相を、神の如くに描いてゐる。その第一等の作品は、高市皇子の薨去の時に奉つた挽歌であるが、こゝには日本の如何なる古典も云はなかつた日本精神の深いものが描かれてゐる。

萬葉集は皇神《スメカミ》の道義《ミチ》が言靈《コトダマ》の風雅《ミヤビ》としてあらはれたものである。これは神ながらのみちの現れの美しさを示す古典であるが、同時にわが國民が、歴史の精神として、古の道に如何に臣從し、又如何にそれを護持したかといふ志を示す最高の古典である。萬葉集と古事

記を併せ學ぶことによつて、我々は古の道と、それを生きる我々の教へを知りうるのである。

かういふ萬葉集の精神を最もよく明らかにしたのが人麻呂であつて、故に人麻呂はつねに神として祀られてきたのである。これは彼の文學上の手柄のために祀つたのでなく、彼にあらはれたわが皇神の神を、人麻呂を通じて祀つたのである。紀貫之が人麻呂のかゝる意味を決定して以來、日本の平安時代文壇は人麻呂をかゝる形で考へ、貫之の古今集の序でも、このわが國最大の美學者は、人麻呂こそ神と人とが身を合せたやうな存在であると嘆賞してゐる。

人麻呂の作品には、よく知られたのが無數にあるが、又その歌風も千變萬化といふべきものがあり、後世の歌風の源流となつた。

人麻呂の歌の第一の特長は、その思想の深さにある。そこから彼の歌の構想の雄大さが生れ、修辭の絢爛さが現れる。さうして彼の宇宙的な哀愁も、みなその世界觀によるものであつた。しかもその無限な慟哭の激しさは、やはりその世界觀と歷史觀に源するものである。

人麻呂の思想と、志といふものを考へ得ない人には、その構想は尨大と見え、慟哭は誇張と思はれるのである。しかしさういふ人々は、人麻呂が生れ出た日を考へ、萬葉集の歌が歌はれた日の國の精神を思ふべきであつた。

萬葉集の歌人たちは、外來の思想文化の華やかな中で、古の道を語り傳へるべく、又我が國のことばの美しさを傳へるべく、そのために歌つたのである。さらに當時の世の中の動きや移りゆきの中で、眞の國の古の道を歴史として描くことを考へた詩人であつた。彼らは悲痛だつたし、又慟哭といふことについてわが身で經驗してゐた。彼らの悲痛や慟哭は、歌の姿でなく、已の個人と同時代の民族の生命をかけた生き方の一つのあらはれであつた。

伊藤左千夫が、人麻呂に不滿を述べたのは、そのあまりに絢爛な點や慟哭の誇張をあげて云うたものだが、左千夫のやうな近來の大歌人でさへ、萬葉集の歌がどうして生れ、何を描かうとしたかに通じなかつたのである。それは時代の故であつた。

しかし人麻呂の慟哭を否定する同じ文藝觀に立つて、今度はたゞこれを肯定するといふことには、何ら思想上の變革的意味がない。人麻呂の慟哭を尊敬する學問上の立場といふものは、歴史の精神に立つ以外にないのである。しかし理は別として、それをわが心とし得るセンスは、十分に尊重し、そこを學問への出發の絶對不動の根柢とするとよいのである。

こゝにあげた歌は、持統天皇が雷岳に御遊《イデマ》した時に人麻呂の作つた歌である。この雷岳といふのは雄略天皇の時に少子部螺臝《チヒサコベノスガル》が、天皇の仰せで三諸岳の神を捕へて天覽に供したところ、雷の如く見えた。卽ち岳に放つた後に雷岳と呼ぶやうになつた。この螺臝は膂力が人に勝れてゐたが、ある時天皇が蠶《コ》を集めてこいと命ぜられたのを、子供と間違へて集めたといふ話は、私らの少年時代の小學校の讀本に出てゐた。そのころ私は雷岳の話を知り、萬葉集の歌としても人麻呂の歌としても、始めて知つたものである。雷岳は私共の故郷の近所にあつたが、それと云はれてゐるのは、いたつて小さい丘であつた。

この人麻呂の歌については疑問なところはないが、鹿持雅澄は、大君の御事に於て、廬《イホリ》せるかもと歌つたのは、人麻呂らしくなく不敬に思へるが、これは多分後世筆寫の間違ひであらうと云ひ、萬葉集の此歌の左註に、或本に曰くとして出てゐる歌に「宮敷き《シ》坐す」とあるのを見て、まさにこの通りであつただらうと云つてゐる。

田兒の浦ゆうち出《デ》て見れば眞白にぞ
不盡《フジ》の高嶺に雪は降りける

山部赤人

山部赤人も人麻呂も共に出生傳記未詳である。大伴家持が古く山柿之門と竝べて云ったが、紀貫之が、古今集序に「山部赤人と云ふ人ありけり、歌に奇く妙なりけり、人麻呂は赤人が上に立たむことかたく、赤人は、人麻呂が下にたゝむことかたくなむありける」と云うてより以來、歌聖として二人を竝べ尊んできた。しかし大正中期より、自然主義文藝思想が流行してこの方は、山柿といふ山は山上憶良でないかと云ふ者があるが、これは邪説である。

古來の學者が人麻呂と赤人を竝稱したことは、わが神詠の思想の歷史觀に立つものであり、代りに憶良をあげるものは、一箇の文藝學によるにすぎないのである。人麻呂赤人を竝稱する思想は、日本の歷史觀を明らかにし、わが國民の生命の原理をいふ思想に展開するが、文藝學といふ思想では、例へ國家や民族を文藝の上に見る時にも、單なる文藝の一要素として見るにすぎず、それをめざす最終の原理とはしないものである。

文藝學といふものは、作品を抽象的な美的要素に分解するものであつて、さういふ意味では、作品のすがたを明らかにするが、それ以上の創造的なものをそこからひき出さない。さういふ文藝學の思想によつては、わが傳統の文藝觀は少しも理解できないのである。赤人は人麻呂の晩年に歌人としてこの世に出た人で、大體この二人によつて日本の文藝のゆき方の大本は決定せられた。この赤人の傑作は富士山の讃歌で、こゝにあらはれた抒情は、上代日本人の自然觀の深さを示し、この一首によつても、神として祀られるに足りる作者であつた。

古今に亙つて富士山に關する文藝は無數にあり、この山は古から遠い異國にもなりひゞいた名山であつたから、我國に來朝した異國人でこの山容にうたれて詩歌をなした者も少くないが、それをすべて合せて、赤人の作は特に拔んでてゐる。古典とはかゝる絶對な作を云ふのである。

しかもこの作品で赤人は、我國の山嶽觀から自然觀を歌うてゐる。近來の登山家とか旅行家とかいふ人々は、大體東洋風の教養をもたないから、みな西洋風の風景の見方をし、このために歌枕とか名勝舊蹟を感傷した古い紀行文のあとを絶つたが、わが古來の風景觀は歴史をみることであり、傳統を繼ふことであつた。近世の廣重とか北齋の如く、獨自奇拔な風景感覺に於て世界に比ない藝術家たちも、この傳統を根柢として風景の新しい見どころを示した人である。

しかし赤人の山嶽自然觀は、中世の詩人と異り、直接に皇神の道義の現れを、山川に眺めた。彼は風雅な詩人の元祖であるが、その思想に於ては、實に深いものがある。さうしてさういふ山嶽觀は、例へば水戸の藤田東湖の正氣歌に現れる時は、忽ちに火を吐くやうな民族の行動の原理にひらかれる思想である。

赤人の田兒浦の歌は素朴といふより嚴肅な感動を示してゐる。これは感動の歌ひ方の文學史を見れば明らかである。この歌は彼の富士山の長歌の反歌で、その長歌は次の如き作品である。

天地の　分れし時ゆ　神さびて　高く尊き　駿河なる　不盡の高嶺を　天の原　振りさけ見れば　わたる日の　かげも隱《カク》ろひ　照る月の　光も見えず　白雲も　い行きはばかり　時じくぞ　雪は降りける　語りつぎ　言ひ繼ぎ行かむ　不盡の高嶺は

この長歌は日本の文藝中の最高作品の一つである。

大伴家持が立山を歌つた時には「神からや　許多《ソコバ》尊く　山からや　見まほしからむ　皇《スメ》神《カミ》の　裾廻《スソミ》の山の　澁溪の　先の荒磯に」と歌つて、山を直ちに「皇神の」と唱へてゐる。

わが國の土の思想は、かつて神の住まはれた土といふのみでなく、それがわが國の歴史によつて證されてゐる神話の世のまゝに傳つた土である。この點は、同じく土と血と云うても、神より傳る歴史をもち、それを大君として戴く我國の場合と、かゝる歴史のない國に於ては、その尊さが雲泥に異るのである。さて古代の文藝をよむ時は、わが民族の神の考へを深く心に入れてゐなければ、その眞の美しさも嚴かさも尊さも理解できないのである。

赤人は優しい歌人の最初の人だが、日本人の大切な思想を、最もすぐれた文藝として記録した第一人者であつた。だからわが國民でこの歌を知らぬ者は一人もないのである。昭和七年のころに吉井勇は「愛國百首」の中で富士山を歌つた。

形代《カタシロ》を水にながすにあらずしてわれの御禊《ミソギ》は富士を見ること

新しきわが世はやがて始らむ雄ごころ湧きぬ富士を仰ぎて

これが日本人の眞の志である。馬琴は富士山の民俗を述べた文中で「芭蕉は佳句の得がたきを嘆じ、應擧は富士を見ざるを恥づ。視て句なきと見ずして盡せざると、うらみいづれか深き、共に道に心を用ひる人といふべし」と云うた。馬琴は日常坐臥の一切に文學を思つてゐた人だが、その面目はこの一句にも見える。

山が火を噴くさまこそ「神ながら」そのものである。赤人の見た頃には富士山は火を噴いてゐた。さらに延暦貞觀の頃にもさかんに燒け、延喜の頃に活動をやめたが、「更級日記」の作者が海道を上つた頃は又活動してゐたやうである。これは平安時代の終りに近づいてゐた。

みたみ吾生けるしるしあり天地《アメツチ》の
榮ゆる時に逢へらく思へば

海犬養岡麻呂《アマノイヌカヒノヲカマロ》

奈良の都は、元明天皇、元正天皇と御二代の女帝が立ち給ひ、この期は國史上でもめでたい時代であつた。この女帝の御代は、文武天皇の皇子の御成長を待ち給ふために、女帝が立たれたのである。この皇子が聖武天皇にましました。聖武天皇の御初政の頃には、長屋王の變があつたが、この時代もさきの二代をうけて、まことに天地の榮ゆる御代であつた。

この歌は天平六年、詔に應じて奉つた作である。作者はその傳の全然わからぬ人であるが、この一首は、すべて今日の國民が、日夜に奉誦したところのわが古典の一つである。作られた日には、かぎりない太平の花開く都の讚歌であつたが、今日の日は、この歌をよんで、これより我々が八紘爲宇の皇風を翼贊し奉るところの決意を感じ、この歌の中にその志をもりこんだものであつた。

この歌を今日の人々が口々に唱へるのは、我々の當面する使命の大と、難局の大と、將來の大と、光榮の大とを、合せ云ふものである。しかも國運の一大時期に臨んで、かゝる見事な歌を口にしうるのは、我國人が、言はず語らぬ心中に、依然として、神州不滅にして、萬古に天皇を仰ぐ心を、不動の自信としてゐるからである。

この自信がなければ、この悲痛さの極致といふべき大なる時に、一層切迫した大悲痛の表現をなすべきであるが、むしろそれらを昨日のこととして、けふはかゝる花の天平の讃歌を口にしてゐるといふ國民性こそ、わが民族の創造力の大らかさを示すものである。わが國民が、つねに悲願をうちに藏しつゝ、大悲劇大悲痛にあたつて、却つておほらかだつたのは、我文化が武家霸道の倫理學を信ぜず、つねに皇風の不滅の永遠と、その世界觀を己の生きる原理としてきたからである。

當時の奈良の都の讃歌としては、小野老《ヲノノオユ》の

青丹よし寧樂《ナラ》の都は咲く花のにほふが如く今盛りなり

これも實によい歌である。小野老は大宰大貳にまでなつたが、天平九年の疫病で逝つた。この歌は少貳時代の作である。

古人はわが悲願の志を述べる時にも、みたみ吾と歌ひ、又國がらの歴史の昂揚する日にも、みたみ吾とよろこんだ。このことは今日も變りないのである。最も誇り高い民族的使命を自覺した自稱である。

これら二つの歌を以て、佛教文化の隆盛を歌つたやうに云ふのは謬りである。これらの歌の中には佛くさいことは一つもないのである。萬葉集の大半は天平の佛教文化時代に出來たが、その中には東大寺文化を讃へた一首もないのである。萬葉集の精神は、さういふ形で現れてくる情勢の動きと別なところにあつたところの、神ながらと國がらの歴史の精神を歌つた古典である。さうしてそれを我が生命の原理とした人々の志をのべた歌であつた。

さうして眞の我國の學問は、佛教文化の方から萬葉集をみることでなく、萬葉集の精神の方から、天平佛教文化の根柢を見るやうにすべきである。この方法を今日ではとりちがへた人々が多く、さういふとり違へた方法で萬葉集を解釋したものが多い。

聖武天皇はいたく佛教に御執心遊ばされたが、御製として萬葉集に拜するものは、みな國ぶりの古典であつて、佛くさいことは、かりそめも見えてゐない。このことは大へん大切なことで、歌を殊さらに外來語で飾り、新機軸だと喜ぶ如きことは、無意識な邪道である。しかし島木赤彦のやうな重厚な作家でも、若いころは世間の流行に押されて、奇怪な新短歌を作つてゐるから、よほど頑《カタクナ》な古風をもたねば、謬りを犯すものであらう。今日萬葉調を云ふ人々は、萬葉集の調べの大本にあつた萬葉集の精神を考へ、それは皇神の道義に對する信仰を生きた人々のしらべであつたといふことをまづ理解すべきである。

萬葉集には東大寺の盛儀を歌つた一首もないのが殘念だと云ふ人は多いが、さういふ形で萬葉集を考へることを止めて、萬葉集の歌人は一人もさういふ歌を歌つてゐないといふところから、この古典の精神のありがたさを考へるべきである。

光明皇后は殊に佛教の隆盛に御力を與へられた御方だつたが、かの佛足石歌の中では、釋迦のことを、「大きますらを」と歌つてゐられる。このやうに現れる國ぶりが、萬葉集の精神として凝結してゐるのである。

又「興福寺濫觴記」をみると、乾陀羅《ガンダラ》國の見生王が、生身の觀音を拜したいとの願を立てた時、夢の中で、日本國の光明皇后を拜せよと佛に教へられたが、彼の王は渡海できないので、佛師を遣して光明皇后の生身の御姿をうつさせようとした。この佛師は問答師と云ひ、彼は浪速に着し、事情を奏して拜謁を願つたところ、皇后はこの佛教隆盛の地からはる〴〵來た佛師の願ひを聞かれ、「自分は大臣の女であり、さらに尊き皇后である、異朝の臣を引見せぬ」と許されなかつた。しかし問答師は誠心に願つたので、つひに許され、彼の王の願つた生身の觀音を拜して三體に彫し、その一體を奉じて歸國した。その時に殘しておいた一體は今奈良の西郊法華寺の本尊と傳へられてゐる。しかしこの法華寺觀音は、天平の作でなく、平安初期の作品で、勿論稀代の傑作である。

この問答師の作と傳へる一群の作品は奈良に多く殘つてゐる。以前は博物館でも傳問答師作と說明してゐたが、近ごろはこの傳說的な說明を止めたやうである。これからの學生生徒は問答師の名を憶える機會もなくなるし、古の一つの好ましい物語も失はれるだらう。

今日よりは顧みなくて大君《オホキミ》のしこの
御楯と出でたつ吾は

今奉部與曾布《イママツリベノヨソフ》

與曾布は下野國から出てきた防人《サキモリ》であつた。防人の歌は萬葉集の特殊な部門であるが、その特色の一つは、人間の自然の情をありのまゝに示し歌つたことである。防人の歌の解釋については、契冲の批評が正統的で一貫したものがある。

文藝の見地から云ひ、文藝の創作の立場から云ふと、契冲の批評は最もよく、今日の多數の批評解釋は、契冲のものよりはるかに劣り、又退歩したものである。契冲より退歩したものとは何かと云へば、さういふ先例はないのである。創造者の思想はある傳統から生れ、さういふ傳統を傳へなければ、先例のない退歩をするのである。これは文藝と學問上の事實である。

この與曾布の歌は今日非常に流布してゐる。しかしこの歌の中で難解なところは、「顧みなくて」といふことと、「しこの御楯」といふことである。

これを理解するためには、防人の歌が萬葉集の中でどのやうな精神を占めてゐるかを考

へなければ完全に知り得ないのである。この一首だけを分析してみても、十分に知ること
が出來ないのである。
この「顧みなくて」といふことについての具體的な註釋は、契冲がよくしてゐる。顧み
なくてといふことは、なほ何かを顧みてゐる狀態であつて、何を顧みたかといふと、父母
妻子である。これは防人の他の歌によつて明らかである。
つまり具體的に云へば、彼らが公と私とを、色々と考へ、私は輕く公は重いといふ理論
で以て納得したのかといへば、防人の場合は、さうでなくして、そのまゝの狀態を殘して
おいた。それを理窟の上で一を以て他を押へることをせず、自然のまゝにしておいて出發
するといふことを歌つてゐる。防人の歌の多くは、心理的にはこの狀態にあつて、これを
自然の情として、古來の國學者は十分に認めたのである。
この公と私を、あれかこれかと考へる原理は、或ひは文化と云はれるかもしれぬが、さ
ういふものの考へ方は、決して次の高い段階へ人の考へを飛躍させる原理をうちにもつて
ゐるものでないのである。飛躍する原理は全然別のもので、思想としても異つてゐるし、
あれかこれかを考へてゐる時間には、さういふ原理は人の頭の中にないのである。
防人の「かへりみる」といふ中には、あれかこれかを判斷選擇するといふ如き思想がな
い、もつと自然の情を云ふものである。そこで「かへりみなくて」と云つた時には、實に
自然に勇敢となつてゐる。しかし自然だから、幾度もくりかへし、又くりかへす度に勇敢
さを増す。

しかし萬葉集の古典詩歌の中には、このかへりみる狀態、つまり人間の氣持からぬけ出て、その人の情の自然を神のまゝにまで遡り、神のまゝにうたはれた歌が澤山あるのである。この二つの差はどんなであるかと云へば、ものの高低である。しかるに今日の文學の思想と防人の歌との間には、質の差がなほ殘つてゐるのである。

この防人の歌一般の「かへりみなくて」と歌つた意識の狀態をもととして、與曾布の歌も解釋できるのである。この氣持の原理となつてゐるものは、人間の理性でものをふりすてて行くといふのでなく、神によつて生きてゆく心を云ふのである。この神は外に坐し、又わが心にも宿る神であることは云ふ迄もない。

「しこの御楯」もこの思想の上から解釋すべきである。大體この歌は、殆ど深く考へることなく、今日の心境をよく現し、けふの雄心の昂揚に資してゐるものだから、ことわけて云ふ必要もないが、私はよく考へたなら一層よい歌となり、さらに我々の雄心をかりたて、ある大なる安心をも與へると思ふのである。この歌は防人の歌の中でもめづらしくよい歌である。

さて、さういふ意味で「しこ」とは何かと云へば、今日一般に「醜」の字をあて、身をへりくだつて「しこ」と云つたと云うてゐるのは當らぬのである。第一大君に身を比すといふことはあり得ぬことだからである。古人はさういふ冒瀆的な考へ方をしなかつた。またさうした解釋では「かへりみなくて」と「しこの御楯」といふ意識の關係が創造的でなく極めて理性的になる。

大國主命の別名を葦原醜男神《アシハラシコヲノカミ》と申し、この醜は勇武の意味だと本居宣長は解釋し、高木市之助はやはり「しこの御楯」の「しこ」はこの意味で、「みたみ吾」といふ意識の如く、立派なつよい楯といふ意味だと云うた。

しかしこの葦原の「しこ」も、萬葉集に「醜の醜手」などとある「しこ」も、神の意志で生ひしげるもの、人間の意志で何ともならぬかたくななるものを云ふのである。人の考へや力では何ともならない大きい力で動き、われながら驚くやうな育ち方をするものの力を云ふのである。だから今のことばに當てるなら、勇猛邁進するやうな神の力の、人につくことが、「しこ」のはたらきである。葦原の「しこ」といふのも、葦原のありさまと將來のはたらきの方からきて、それを神の性として見るとき、勇武といふことにもなるのであらう。もとの意味は葦原の五穀草木がさかんに茂ることを「しこ」と考へたのである。

なほ御楯といふことばは、崇峻天皇の御紀に、敬神排佛派の物部守屋の資人《ツカヒヒト》、捕鳥部萬《トリベノヨロヅ》(萬は名也)が、蘇我勢に攻められて有香邑《アリマカノムラ》の山中で滅される時叫んだ言葉の中に「萬は天皇の楯《ミタテ》となりて、其の勇を效《イタ》さむとすれども、問ひ給はず」と云つて攻められる理由を問うた。しかし萬はこゝで射られて死し、梟《サラ》された。その時彼の飼犬が萬の首を嚙ひ切つてきて古塚《フルツカ》に埋め、墓側を守つて餓死した。この犬は後朝廷より賞され、故に又萬の墓の改修も許され、主従一つの墓に葬られた。

海行かば　水漬く屍　山行かば　草むす屍
大君の　邊《へ》にこそ死なめ　顧みはせじ

大伴家《ヤカ》持《モチ》

この家持の歌つた大伴氏の異立《コトダテ》も今日では改めて云ふ必要もないほど人口に膾炙してゐる。異立《コトダテ》といふのは、異常の言を立てるといふ意味で、今日で云へば述志といふ意味である。

この異立《コトダテ》（言立とも書いてゐる）は、天平勝寶元年四月一日に出された詔書に奉答した家持の長歌の中に歌はれたもので、この詔書は、大佛の塗料とする黃金が少いので困つてゐた時陸奥國が黃金を獻じた、そのことについて、盧舎那佛《ルサナホトケ》の殿前で奉告し、神祇に感謝の奉幣をなし、諸臣にも祿を賜り、神祇も大佛建立を助け給ふ御心ある故に黃金を賜つたといふことを諸臣に教へられたもので、その詔の中で大伴・佐伯兩氏は、殊に優諚を拜した。その詔の御詞には大伴・佐伯の家の代々の忠義をほめられ、その中に大伴・佐伯兩氏（兩氏はもと同一の族だつた）の祖達の異立《コトダテ》として

海行かば水漬く屍　山行かば草むす屍　大君のへにこそ死なめ　のどには死なじ

といふ歌をひかれた。

　この詔に感動した家持が越中國府で詔書を賀す歌をなし、その中でさきの歌をあげた。詔書には「のどには死なじ」とあるのに對し、家持は「かへりみはせじ」と云うてゐる。これは家持の意識を示すと共に、彼の忠義の誠を歌つたものである。「のどには死なじ」といふのは事なく安らかに死なない、といふ意味で、卽ち不穩の非常時態を豫想して云ふものだから、「かへりみはせじ」とかへたのである。元來二つの形の異立があつたやうに考へられるところである。

　しかしこの「かへりみはせじ」はさきの防人の「かへりみはせじ」と大分に內容が異るのである。防人は「かへりみはせじ」といふ大なることばに感銘して「かへりみなくて」と使つたものである。意識は大分にちがふのである。大君のへにこそ死なめといふのは、大君のお傍で死にたい、その他のことは何も考へない、「のどには死なじ」とさへ思はないといふ心をふくめてゐる。これを單に歌と思うて、かりそめによみすごしてはならぬ。上代の人がかくの如く敬虔にことばをつゝしんだのは、その志をもつてゐたからである。

　家持に於て萬葉集の思想の自覺的組織は完結するが、彼は大伴氏の氏《ウヂ》の上《カミ》となる身分だつただけに、人より多くの使命への自覺をもつて、大切な思想を美しいことばで表現してゐる。さうして彼の生れた家柄への回想は、直ちにわが歷史觀であつた。天孫降臨以來の第一の功臣として、神武天皇の御東征、日本武尊の御東征、中ごろ以來の外征に於て、つねに大伴氏は第一の功臣であり、直接責任者であつた。

奈良朝後半期は、この大伴氏を指導者とする固有精神と、歸化文化と歸化學藝人を從へた藤原氏の擅權の爭鬪時代であつて、家持はその間己の氏の今もなほもつてゐる兵の力を以てして、藤原氏の時の勢ひにうち勝ち難いことを次々に了知し、つひに文の力によつて、國の歴史の精神を萬代に傳へようとした。萬葉集はかうした家持の志から生れたのである。つまり天降り以來國の精神の護持と皇威の伸張に奉行してきた、大伴・佐伯の氏の兵力で、今やその代々守つた歴史の精神の守り難いことを知つた時に、萬葉集が彼の手でつくられたのである。

契沖は萬葉集の精神の成立といふことを考へて、大體かういふことを考へたが、こゝに私の書いたやうには誌してゐないが、それのさとれるやうに書いてゐるのである。

家持の賀詔の長歌は若年三十二歳の作品であるが、歌柄も堂々として、萬葉集の最大傑作の一つであり、思想の深さに於ては、人麻呂に比較してさへ劣るところがない。從つて鹿持雅澄もこの長歌のために特別の評論を草し、嘆賞の限りをしるした。この雅澄の批評は、わが文藝評論史上の秀れた作品である。

この長歌の反歌に

丈夫の心おもほゆ大君のみことの幸《サキ》を聞けば尊とみ

大伴のとほつ神祖《カムオヤ》の奥津城は著《シル》く標《シメ》立て人の知るべく

「ますらを」とか、「もののふ」とかいふ言葉を、ある思想の中に激しく描き出したのも家持であつた。或ひは「皇方《スメラヘ》に」といふやうな、よいことばを、深い思想をあらはすために歌つてゐる。「隱さはぬ　赤き心を　皇方に　極めつくして」と歌つてゐるが、これは天皇の御爲めにといふてもよいが、もつとなつかしい心からの切迫した生き方から、天皇の邊《へ》を云うたのである。こゝには血と共に歷史が生動してゐるのである。血と歷史が一體となつてゐる。かういふ思想は他國にないのである。これは倫理でなく、生命そのもののあり方を云うた思想である。

　家持の作品をたゞ優雅のみの面から云うてゐる者も、文化をよく考へ、萬葉集の文化を、所謂天平文化といふ佛教文化の方から考へずに、萬葉集の精神の成立の方から考へると、優雅といふことについてもさとるところがあるであらう。

　今日の學者たちは、萬葉集の撰者は家持だといふやうな說を云へば、必ず輕蔑するのであるが、さういふ人々には、まづ國學者は萬葉集をどのやうに讀んだかといふことをさとつて欲しいのである。萬葉集の歌を生み出した正氣や、萬葉集を作りあげた正氣は、わが歷史の精神であるが、それらは大伴氏の家持に濃厚に凝固したのである。これは大伴氏が偉大な代々忠義の歷史を傳へ、家持がそれを自覺囘想したから生れた結果である。

心形久しく勞して一生こゝに窮る

最澄

空海と最澄は平安朝の初期にあらはれたわが教界の二大傑人であつた。彼らは奈良佛教の頽廢の中から生れ出て、最もよくその弊害を了知してゐたのである。この最澄はわが思想史上に於て、最も多くの心靈を覺醒せしめたと云はれてゐるが、帝都の近くに一大學園を形成したこの教團から、學生の生れることはむしろ當然である。

最澄は初め鑒眞の將來した新しい天台の經文を學んだ。彼は奈良の舊佛教に對して、何か新しいものを志して、今まで誰も考へなかつたものに眼をつけた。これが最澄の成功した原因である。

最澄は桓武天皇の親政一新に當り、その御信任をうけた。この時彼を推輓した者は、和氣淸麻呂、廣世の父子と云ふが、これらの人々も十分に奈良佛教の罪惡に通じてゐたのである。最澄は五十六歲で死んでゐる。この生涯に於て所謂日本天台の基礎を築いたのである。

彼は奈良の宮中出家の佛教に對し、山中出家、山修山學の佛教を弘め、個人の救ひをもととした舊佛教に對し、國家的な宗教をたてた。この平安初期は極めて嚴肅な時代であつて、殊に平城天皇の時代が、精神の旺んな時代であつた。しかし惜しいかな平城天皇の御宇大同年間は餘りにも短かつた。

この平安初期文化の嚴肅な充實感は、平城天皇御宇の精神が、一般感覺として現れたものであつた。齋部廣成の撰した「古語拾遺」の如きは、よくこの時代の思想の傾向を現はしてゐる。

平安初期の新宗教にもこの感覺は濃厚にあらはれてゐる。また弘仁式の彫塑の如きは、ことによくその精神をあらはしてゐる。

最澄は近江國古市鄕に生れ、光仁天皇の九年十二歳で近江大國師行表に就いて出家した。十九歳の時東大寺で具足戒をうけ、初めて叡山に登つた。延曆二十三年九月唐に渡り翌年五月は明州より出帆歸朝した。在唐八ケ月であつた。最澄在世中に天台宗は公認せられたが、さらに戒壇を許されることが彼の最大の目的であつた。戒壇をもたなければ自派の僧侶をつくり得ないからである。しかしこれは彼の生涯のうちには得られなかつた。當時の朝廷の宗教局といふべきものの反對をうけたからである。しかし間もなく嵯峨天皇より勅許を得た。これによつて比叡山の基礎は確立したのである。

比叡山にしても、又高野山にしても、その學園として、精神の道場としての場所は大へんよい。由來學園といふものは、かういふ山中にあらまほしいものである。いくらかさういふ塵外の地は、現實を離れる學風を作るかもしれないが、代りにつねに何十年何百年のさきを指し示す思想を作つたことは、歴史の證として比叡山の例を云ふまでもないと思ふ。最澄をひき上げるについて、道鏡を蹴落した誠忠の和氣清麻呂の盡力があつたといふことは、まことに生甲斐を思はせる歴史の佳話である。わが國はつねに上に畏くも英明の君が神ながらに座し、下草莽には最澄たりうる英才があるのである。さうして時代の危機に於ては、道鏡を蹴落し、最澄をひきあげた、誠忠清麻呂の如き人物が出るであらう。道鏡を蹴落すことは、千萬人といへども行くといふ大勇猛心がなければならぬ。最澄を見つけてこれを推輓することは、國の文化の千年の先々まで一貫する精神をみる眼がなければならぬ。誠忠の人とはつねにこの二つの眼をかねてゐる人をいふことは、清麻呂の例によつて明々白々である。

さて僧侶といふ者は、みなさとりすました如くに説く者だが、つねに彼らは抽象的な多辯家である。名僧高僧の著述は無數にあり、その中には名言佳句が又無數にある。

こゝに最澄の語としてひいたのは、臨終に當つて、弟子義眞に一宗の諸事を付囑した時に冒頭に云つた語である。「心形久勞、一生此窮」といふことばは、最澄の生涯をよくあらはしてゐる。桓武天皇崩御後十六年、此間最澄は布教と共に、戒壇建立にまさに「心形久勞、一生此窮」のさまであつた。

このさき臨終を知つて弟子達に遺言した。

一俗服を著せざること

一飲酒せざること（縦《タト》ひ薬に調合するも飲酒せざること）

一婦人を寺側院内に近づけざること

又、「毎日諸の大乗經を長講し、國家を利益し、群生を度せんが爲め、慇懃精進して、法をして久住せしめん」ことを諭し、「一乗弘通のため生れ更りて出でん」と云つたが、特に心を同じうする、藥芬、圓成、慈行その他十四人に對しては、共に誓を立て、「生々相待ち世々相續せん」といふ堅い心を示した。

それからさらに「自分は生れてこの方、弟子に對しては、口に荒々しい言葉を云はず、手で笞罰したこともない、今後我が同法の者は、童子を打たないといふことを守つてくれると、自分に對する大恩となる、これを努めてくれ」と云うた。私はこの人のこの場の口から出た教育方針については感銘するのである。人を教へる者は嚴格でなければならぬといふまへに、尊敬される人となればよい、さういふ人なら叱らずとも十分に感化を與へる。叱つて與へ得る以上のものを感化として與へ得るのである。

力をもいれずして天地を動かし、目に見えぬ鬼神《オニガミ》をもあはれと思はせ、男女《ヲトコヲンナ》の中をも和らげ、猛《タケ》き武士《モノノフ》の心をもなぐさむるは歌也

紀　貫　之

貫之等が古今和歌集の敕撰に奉仕したことは、つい近い頃までは、我國の歴史の上で重大なことと考へられて傳へられてゐた。正岡子規が新派短歌を唱へる上で、古今集に對する信仰と貫之に對する尊敬を一掃しようとしてから、大體今の人々は、古今集の敕撰といふことが、我國史上で如何に大切なことであつたかを忘れたのである。

しかし今日になつて、一應明治以來の文明開化の考へ方が反省され整理されるやうになつた時に、日本人の歴史觀といふものが、非常に明白になつて、貫之らの古今集撰集の精神と、それが文化の歴史の上に及した意義も再び考へられるやうになつた。古の人が傳統的に考へたことは、大體ありがたいことが多いのである。その考へ方の表現の上で、今日から見て多少奇異なものがあつても、一概にこれを排斥してはならぬのである。

古今集敕撰の意味は何かといへば、わが國の固有の文化の傳統を明らかにしたことであ

る。さうしてこれが平安文化の最も中心的な線の源流となつたのである。平安時代に國風文化が起り發展したことについては、色々の理由もあるが、敕撰の古今集の生れたことが大きい一つである。

勿論古今集の上にそれを生み出す歴史の精神があつたが、さういふ精神が古今集といふ形に現れたことが大さう大切なことである。貫之は又日本の假名文字を使つて日記をかいた。これもある一つの自覺のおのづからな現れである。

この古今集の生れるについての精神と、決意とは、貫之がその序文の中にしるしてゐる。この古今集の序文は、わが國の文藝評論の初めてのものであるが、いつの世に於ても、最も立派な評論といふべき作品である。この序文をよむと、貫之等がどういふ志から、古今集を撰んだかがよくわかるのである。萬葉集以來長い間撰集がなく、和歌の道は非常に衰へてゐた。この日に彼らは國風の復興を、敕撰集といふ形式に於て考へたのは、よくわが國がらをわきまへ、それを形に現したものである。

この序文の中で貫之は、歌とはどういふものであるかといふことを考へ、わが國の歴史の考へ方から、歌の歴史を明らかにした。さうして歌の歴史觀をたて、それを傳へた系譜を明白にしてその精神を述べたのである。

この初めにひいた文句も、その序文の中にあつて、これは歌の徳を云うたものである。しかしこれをいふために、彼は日本の歌が「神詠」であるといふ思想を明らかにしてゐる。神詠といふのは、まづ神が歌はれたといふことであり、次に歌は神の心に通づるものであり、從つて神にます大君と臣の心をつなぐものであり、しかもかうした歌は、神のつくられた生物のすべての心のおのづからに發するものである、といふことを云ふ思想である。「生きとし生ける者、いづれか歌をよまざりける」と云つてゐるのは、單に現象の方から云つたのでなく、わが皇神の世界創造の思想から、世の現象をうべなひつゝ云うたものである。

かういふ貫之の思想は、古今集の序文によく示されてゐる。古來より貫之を尊敬してきたのは、日本の歴史の考へ方に立つたもので、又その歌も秀れた人であつたからである。萬葉集のやうな古のすぐれた集があるのに、何故古今集をまづ尊敬するかといふことについては、藤原俊成が說いてゐる。俊成は人麻呂を尊敬した歌人で、平安時代の美の思想の最後の大成者である。

子規が貫之を罵倒したのは、彼が俊成の云うたやうな歴史の思想をよく知らなかつたからである。しかもこの俊成の思想は、我國の傳統として、武家時代の詩人に傳へられた考へ方だつた。勿論子規は稀代の人物であつたが、なほ傳統とか歴史といふ考へ方については餘り深く考へなかつた。それ故に彼はあゝいふ變革論をなし得たのである。

我々は今日、歴史觀の上から、古の人々の貫之に對する尊敬は一體何を現したものかといふことを考へねばならない。貫之の考へたことは、衰へた道をたて直すといふことであつた。さうして彼は文藝を通じて國の歴史や生民の原理を云ふ思想をうちたてたのである。古今集は完全に外來文化を國風化する原因となつたが、さういふ機能を、歴史の上から述べたのが、この古今集序である。これは平安時代から、さらに近世に及ぶ日本思想の主流となつた。

貫之はこの序の末尾で、歌の道が末代まで傳はることを祈つたが、この道の心を得た人は、必ず「古をあふぎて今を戀ひざらめかも」と云うてゐる。古今集の題はこゝから出たのであるが、古を仰ぎ今を戀ふといふのは、長い間のわが國詩人の生き方となつた。それは己の道心によつて道のあらはれを戀ふのである。皇神の道義《ミチ》のあらはれを、あるひは古に仰ぎ、今の世路のかりそめごとの中にきいて、今の心に戀ふのである。この心が永遠につゞくことを貫之は信じ、人も貫之のこの思ひを護り傳へた。

驛長莫レ驚時變改　一榮一落是春秋

菅原道眞

わが史上で菅原道眞ほどに興味深い人物はない。もつともこれは私の場合、私の文藝文化の關心から云ふのである。道眞ほどに一榮一落を忽ちに經驗した人もなかつた。しかもそれに深い理由があつたわけでない。のみならず彼ほど多數の人々に語られ、時代を通じて尊敬せられた人物もなかつた。この時代を通じての道眞崇拜の變遷をみることは、わが民族の思想文化を知る上での絶好の一題材である。

道眞に關する一切の文獻をあさめたといふ「北野誌」三卷を見るのみでも、如何に深く多く、わが國民が道眞に關心してきたかゞ明らかである。その神社も、臣下を祀る社として、別格の扱ひをうけてゐる。

明治になつてからは、菅公傳の主たるものが三册出てゐる。卽ち井上哲次郎、高山樗牛、大隈重信の菅公傳がそれである。樗牛は道眞の性格を、感傷的な詩人と論じたが、多く當るもののやうに思はれる。

しかし私は道眞その人よりも、道眞をさまざまに描いてきたわが民族の、土俗的な叡智の表現の移り變りに、一層關心をもつてゐる。しかも道眞信仰の起原や、天滿宮の發達には、かなり曖昧なところがある。一般に土俗と知識と中間の文化については、今ではあまり考へられてゐない。文化としての知識については、大學に於て多く考へられ、一般ヂャーナリズムに於いても考へられてゐる。又土俗の方も近來さかんに研究の發表されるものがある。

しかし公《オホヤケ》の文化が、土俗とふれてゐるところに生れた文化、卽ち文化と民衆の關係は、尨大な既刊資料を埋藏したまゝで、殆ど顧みられぬ傾きがある。この所謂俗學雜學の部面から、必ず古の下河邊長流のやうな天才や契冲の如き大學者が現れるだらうといふことを、私はつねに思つてゐるのである。

さて明治にあらはれた道眞論のうち、形は小であるが、久米邦武の、道眞は如何なる人物か、天滿宮は如何なる神社か、といふ論文は道眞信仰の上から劃紀的な作品であつた。卽ち久米邦武は道眞を暴露し、天滿宮の成立事情を暴露したもので、世人を驚かせた。しかし古人もその點に無智だつたのではない。

この久米邦武の思想は、道眞と天滿宮を暴露して快哉をさけぶ如きものであるが、つひに傳統そのものに對しては何の威力もなかつた。この場合はむしろ傳統の信仰の心理と、形態そのものを暴露することが當然であつたが、これほど傑れた啓蒙思想家にもそれは不可能であつた。久米邦武は明治文化上に於ける最大の啓蒙思想家である。誰一人として彼に勝る者はないのである。しかし、明治に新に建てられた神社の祭神を暴露することと、天滿宮を暴露することとでは、事の效果を思ふ上で、方法は異る筈だが、啓蒙思想は、その異りを識別しない。これは議論の方法上の問題でなく、歴史觀の問題である。我々の大義の立論と、啓蒙家の大義名分論の異るところは、この歴史觀の異りによるものである。

文學上の道眞は樗牛の云ふ如く、詩人の大なる者である。又著述家としても、わが史上の雄であつた。文化の精神史上では、例の有名な「和魂漢才」説の眞僞は別としても、彼自身にかういふ傾向はあり、時代もさういふ精神をもつてゐた。さうして和魂漢才の説が道眞の高名と共に流布したことは、好ましいことであらう。代々の儒家は道眞を學問の祖として祀つたのである。古の吉備眞備は我國儒學の祖であるべきだが、その著述は今でさへ二三の斷片しかなく、僅かにその高才の一端を察しうるにすぎないものだから、道眞を祀るのが當然と思はれる。

道眞が宇多上皇の御信頼を得たのは、藤原氏を抑へるためであつた。しかし道眞の政治家的な偉大さについては、未だ明確に斷定されたものなく、道眞崇拜家だつた大隈重信さへ、その政治家的手腕を抽象的に讃へたにすぎない。却つて彼が道眞の心境境涯に同情したところに、道眞のその政治的手腕の實相を見得る感がある。

然し大隈重信が、道眞の西下を敍したところは著者の感慨の深いものがある。道眞が敵黨に對し對抗の方法を失ひ、兩帝の恩寵と、上下の名望を併せ享け、さらに諸司（諸官廳）に半ばする門弟子を擁しながら、空しく西下するところは、重信の筆によつて初めて政治の相として理解されるものがあつた。

「驛長莫レ驚」の詩は、この西下の途次、明石の驛の驛長に與へた作と云はれ、今も人口に膾炙してゐる。かの高位高官にゐた人が、この感慨無量の一聯を、名も無き驛長に與へたところに、この作者の詩人たるさまを察すべきである。

道眞の詩には「涙痕あり歎聲あり」しかもそれらはすべて彼の自らの事情に關したもので、自然を歌つたものに於ても、みな道眞の心中の悲哀を説明するものに外ならないと、樗牛は云うたが的評である。太宰府の日に道眞は「敍意一百韻」の中で「生涯無二定地一運命在二皇天一」と吟じた。

もの思へば澤の螢もわが身より
あくがれ出づるたまかとぞみる

和泉式部

平安時代に出た女流詩人の中では、古い小野小町と、中ごろの和泉式部、末の頃の式子内親王の三人が傑出し、これ以上の歌人はその後もなかつた。この中で「和泉式部家集」正續は、紫式部の「源氏物語」と竝べ論ぜられるべき大詩歌集である。

和泉式部は代々の批評で、その人柄を惡く云はれて、評判の一定せぬ人である。しかし彼女の同情者は無數にあつた。畏くも後醍醐天皇は御自筆で彼女の歌集を爲され、その宸翰本と傳へられる一本があり、そこには所々天皇の誌された詞書の註さへ加つてゐる。近世では後水尾院が、彼女の歌に御同情されたことは、私が御集の中で明らかに拜したところである。

和泉式部は最も情熱的な歌人で、その歌にも大膽無比なものが多い。千數百首の戀愛の歌集は、古今東西にも比類ないであらう。彼女は女性の愛情の極端を歌ひあげた詩人であつた。その著した「和泉式部日記」も、戀愛小說として當時の傑作の一つである。

小野小町も、その愛情の生活に於て、色々の批判があるが、明治の黑岩涙香は「小野小町論」の中で、小町は貞女の鑑であるといふことを述べてゐる。この涙香の小町論は、明治文學中でも最も異色あり、又すぐれた作品である。彼はこゝで眞の貞女は一夫にさへまみえぬものだといふ奇説を吐いてゐるが、和泉式部はかういふ場合の反對の例である。

和泉式部が、何故多くの心ある人々によつて同情されたかと云へば、彼女の歌はすべて絕對的な眞實を歌つてゐたからである。有名な小式部內侍は彼女の娘だつたが、小式部內侍の死んだ時に和泉式部の作つた多數の歌の如きは、母性の愛情を切々と綴つて、わが文學上の貴重な作品である。又彼女が御寵愛をうけた帥宮《ソチノミヤ》が薨去された時に、彼女がくりかへし悲しんだ歌は、最もすぐれた作であり、夥しい數である。これほどにくりかへし故人を悲しみ、追慕の至情を歌つた人も、わが國の史上に例なかつた。かういふ心持の美しさが、同時に彼女の戀愛の歌の基調となり、その愛情の宿命となつたのである。

初めに掲げた歌は、彼女が戀人に忘れられて、悲しんでゐたころに、貴船明神に詣で、御手洗に螢のとぶのを見てよんだ歌だと云はれてゐる。非常に美しく切ない歌である。

貴船明神の社は京都の鞍馬の山の向うにあつて、貴船川の美しい流れに沿つてゐる。平安時代はこゝへ詣でるのは、戀を祈るためだつたと云はれてゐる。ところが、和泉式部がこの歌をよんだとき、社のうちから

おく山にたぎりて落つる瀧つ瀨のたま散るばかり物なおもひそ

と明神が返しによまれたと云はれてゐる。「あくがれいづるたま」といふのは、魂があくが

れいでるといふことで、放心したやうに螢を見たのである。さういふ時の心もちのうつろな危機に對して、貴船明神が、魂が岩にあたつてちらぼふ位にまで激しくものを思ふなと諭されたのである。さういふ危險なところまで思ひつめずとも、おまへの願ひはかなへてやらうと諭された。和泉式部は咄嗟の時にも、さきに云うたやうなよい歌を歌つた。そのよい歌をきいて、明神は感心されたのである。

昔の人は、歌は神に通じるものだと信じてゐた。さうして明神が歌を返されたといふことを信じて疑はなかつた。この「もの思へば」といふ歌は、今日でも神を感じさせると評したいほど傑れた歌であるが、今日ではかういふ批評は比喩だと思はれる。しかし昔の人は神が感じられたと信じて、疑はなかつたのである。歌にさういふ機能があると信じてゐた。

我々が神といふのは、神がなければならない、神を要請せねばあることがらが説明されないといふ考へ方から云ふのではない。又古を回想して比喩として云うてゐるのでもない。古から傳つた道の上で神を云ふのである。さうして我國には現實に、明らかに、神から傳つた一筋の道が代代繼承されてましますのである。これが我國の歴史であり、もしこの道を疑へば、我國は成り立たず、我らの生命はないといふことになるのである。こゝで、もし疑へばといふ言葉を云つたが、古の人は、かういふ恐懼すべきことがらを、假りにかういふことばで論じる時には、このやうな詞の下へ、「あなかしこ」とつけ加へたものである。つまり説者は疑つてゐないが、疑ふ者があるかもしれぬとの假定から論ずるのだが、さういふ假定をなすことを非常におそれて「あなかしこ」と云つたわけである。
後鳥羽院の頃の歌人、攝政良經の歌に、

いく夜われ波にしをれて貴船川袖に玉ちるもの思ふらん

といふ作がある。これは貴船明神に自分の戀を祈つた歌だが、これもすぐれた歌である。さうしてこの歌の心持の中には、さきの和泉式部と貴船明神の歌の心がとり入れられてゐる。

貴船明神は今は官幣中社で、伊弉諾尊の御子闇龗神《クラオカミノカミ》と申す神を祀る。この神は雨を司る谷の龍神と云はれてゐる。炎旱霖雨《ヒデリナガアメ》の時、朝廷ではこの神に奉幣祈禱された。この「ながあめ」といふことばは、「ながめ」といふのと同意で、愛情のある種の状態をいふ意味が古代よりあつた。

駿馬の骨を買はずや

清少納言

和泉式部、紫式部、清少納言は同時代に出た女流の文學者である。この時代は、花の一條院の御世と謳はれ、當時の宮廷は「輝く藤壺」と誌されてゐる。世界の文化の歴史を見ても、このやうな華やかな時代はなかつた。藤原道長の出た時代であり、藤原隆家の如き俊傑もゐたが、惠心僧都の如き大思想家も出た。高野山にある有志八幡講の來迎圖の如きも、この時代に生れたのである。そのいづれを見ても不朽の偉大なものであつた。

紫式部は、自分は、「一といふ字さへ知らない」と謙遜したやうな女性だと云はれてゐる。しかし彼女が早く寡婦となつたときに、傍の女たちが、彼女があまりに學問を好むので早く寡婦になつたのだと批評した。彼女の著した「源氏物語」はわが古の文學中の大作品である。

しかしこの源氏物語を古來からの儒者たちは、好色の本だとして非難した。かういふ非難をする儒者は、儒者中でも下らぬ者らである。その證據には、江戸時代の儒者中で第一等の學者だつた熊澤蕃山は「孝經外傳或問」といふ著述の中で、源氏物語は好色の本のやうに見る者もあるが、これは紫式部が文藝小說の形で古の遺風を傳へ、昔の禮樂風俗古實を傳へようとした眞意を了知せぬ短見であると評してゐる。

さらに蕃山は、源氏物語の中には、今の國家治體の敎訓となるやうな古の風儀が澤山描かれてゐる事實をあげた。しかし蕃山の以前の「源氏物語止觀の說」といふ傳授の說では、大たい蕃山のやうな述べ方で、窮極の目的は人を菩提門に入れるために書かれたと論じた。江戶時代の終りから明治の初めまで生きてゐた最後の時代の國學者だつた近藤芳樹は、源氏物語は勤皇の志を諷した作品だと云うてゐる。これは文明開化の實學派が、文明開化の立場から、やはり源氏物語などの古代の文藝を、時代おくれのものとして排斥した時に云うた說である。

古い國學者やその以前の和風の詩人たちは、源氏物語や伊勢物語などといふ平安時代の文藝の中に、古の朝廷や宮廷の文化をしたひ、そのさまを拜して、己らの皇室によせる心の思ひを滿たしてゐたのである。だから古の國學者らは、宮廷の生活の中の文化を中心に描いた文物の時代を、古典時代と考へ、武家時代以後の文藝は、これを學問の對象とせぬといふ氣概と志とを持してゐたのである。かういふところは、文藝的なものであれば、何でも學問の對象と認めてゐる今の大學の國文學と根柢の志のちがふところである。

紫式部は、その日記を見ると、同時代の才女たちをかなり痛烈に批評してゐる。さうして彼女は氣質の上でも、和泉式部や淸少納言と合はなかつたやうである。むしろ和泉式部は淸少納言と親しかつた。

この清少納言の「枕草子」が、單なる機智や才氣や知性だけの思ひ付の感想でなく、深い美の思想と生活を背景としたものであるといふことは、枕草子以外の平安時代の文藝の數多くを讀まなければ了解し難いことであつた。さうしてそれを了解した時に、この本の眞價が一層よくわかるのである。今の感覺だけでよんでも、なか〳〵傑れたものだが、その背景の現れ方といふものを知つた時、一層感心する作品である。

清少納言が才女の名を得た初めは、皇后定子がある雪の日、座にゐる女房たちに「香爐峯の雪はいかに」と申された時、清少納言が立つて御簾《ミス》を捲上げた。これは白樂天の詩に「遺愛寺鐘欹㆑枕聽、香爐峯雪撥㆑簾看」とある意をかけて皇后が申されたことを、清少納言が咄嗟に判斷したのである。清少納言はこれによつて一躍有名になつた。香爐峯は廬山の一つの峯である。白樂天は老後廬山の麓に草堂を結んで住み、この作品も出來た。

百人一首にとられた清少納言の歌も、齊人孟嘗君の函谷關の故事をかけた歌で、この百首の撰者が、よく彼女の才女としての趣きのあるところをとつて、この一首を入れたことを私は感心してゐる。彼女は白樂天の詩句の機智によつて知られた人だからである。

清少納言は老後には零落したといふ話が「古事談」に出てゐる。或る時若い殿上人《テンジヤウビト》たちが車で彼女の家の前を通ると、その家が殊の外に荒れてゐたので、車の中で聲高に「少納言も氣の毒になつたね」などと語り合つた。すると家の中から老いた女法師が、簾をあげて顏をさし出し、「駿馬の骨を買はずや」と云つた。

その顏は鬼女の如きかたちだつたと書かれてゐるが、元は美人だつたからかう書いたのである。平安時代では、男女ともに美貌でなければ初めから尊敬されなかつた。當時の才女も容貌が醜かつたから文學者になつたのではないかと云つた評家が近ごろあつたが、これは今の風俗を以て昔を推したもので、何かの意味でも醜い女性からあのやうな美しい文藝は生れぬのである。

さて駿馬の骨といふのは、「戰國策」に出てゐる故事で、死馬の骨を五百金で買つた王があつたが、その後、この王は馬を愛する人だとの評判を得て、忽ち千里を驅ける駿馬三頭も國に集つてきた。この故事をかけて若者らをたしなめ、また自分の不平の情をも展いたのである。彼女は初め漢籍の才智で人に知られたが、最後の逸話もかういふ例で、千年の後まで記憶せられた。

鎭西の八郎是にあり

源　爲　朝

鎭西八郎爲朝は、保元の亂の起るころ、たま〱九州から上京してきた。直ちに白河殿にかけつけ、父爲義を助けて軍議に加つたが、彼の立てた高松殿夜討の計は退けられ、却つてその夜自分らの守る白河殿が對手から夜討された。

八郎は早く九州に下つて、その地に威勢を振つてゐたので、都の武士らは、その鬼神の噂を聞きつゝも、未だ彼の弓勢を知らなかつた。八郎は高松殿から寄せてきた清盛の軍勢を防ぐ時に、その第一矢を放つた。その第一矢は清盛の郎等の伊勢國古市の伊藤六の胸板を通し、つゞいた伊藤五の袖の裏をかいて、伊藤六は矢場《ヤニハ》に落ちて死し、伊藤五は傷ついた。

この矢を伊藤五は清盛に示して「八郎御曹子の矢御覽候へ、凡夫の所爲とも覺候はず」と云つた。人間わざでないといふのである。これを見るものは、皆舌を振つて怖れた。そこで清盛は爲朝の守る門を避けて他へ移つた。爲朝の都で放つた第一矢はこのやうに見事なものであつた。

爲朝は大島にゐた日の歌といふのが世に傳へられてゐるが、これは爲朝の作と思へぬ下らぬものである。爲朝の如き、わが朝の數ある丈夫のうちでも最も勇しい若者の詩は、あの大空をとぶ「三年竹の節近なるを少し磨き、山鳥の尾をはいだ、七寸五分の圓根の、篦中すぎて篦代のある矢」が描いてゐる。この矢のとびゆくところに、彼の丈夫の詩はあつた。

彼の一つの矢は一人の勇士を倒したのみでなく、一軍を退け、大船をも沈めた。さうして彼の鏑矢の空にひゞいてゆく音は、おそらく日本の國土がかつてきいた美しい音の中でも、古今に比類ないものであつたと思はれる。彼の歌は殘つてゐないが、彼がその弓矢で虛空に描いた響は、今も我々の耳に聞きうるのである。

彼の心には何のわだかまりもなく、我朝の武人の典型といふべき武士であつた。彼ほどの勇士はつひに世に現れなかつた。源家には武勇の名ある者が多いが、丈夫の詩心を、たゞ虛空に放つ一筋の矢で描いた點では、名將義經もこの叔父に及ばなかつた。

實朝の數ある尙武の詩歌も、一つとして、爲朝が寶莊嚴院の門の方立にうちこんだ大矢一本の激しさに及ばないのである。彼が始めて白河殿に院參した時、藏人に敍してやらうとの話だつたが、「自分はたゞの鎭西の八郞でよい」とこれを辭退したと云はれてゐる。その爲朝が「鎭西の八郞是にあり」と云つたことばは、「保元物語」の最高點である。爲朝が都の空に放つた第一矢に怖れ逃げる平家を追つたものは、この一聲であつた。猛々しい丈夫が戰場に名のつたことばの中で、この簡潔の語が最も激しい詩美をもつのは、この語の背景にある歴史と傳統のせゐである。

ことばは簡潔がよいと云ふのは、歴史と傳統の思想があるからであつて、さういふ深い背景がなければ、簡潔といふ美徳は成立せぬのである。例へば大東亞戰爭の報道部發表の簡潔の文章が詩美の極致を思はせ、人をうつのは、その背景のゆゑである。その背景には傳統とか歴史とかいふ民族の最高の精神の燃燒があることを知らねばならない。かういふ考へ方は、文藝上の考へ方として、元來我々の考へてきた傳統の思想である。

別のことで似たことを云へば、我々は大詔渙發の日に、二重橋の御前にひれふして宮城を拜する民草の寫眞を新聞紙上に見て、慟哭を禁じ得なかつた。この寫眞は新聞紙の寫眞だから、決して技術的にいふほどのものはない。しかし我々がこれからうけた感動は、つひに慟哭となつたといふことは、人を感銘させるために寫されたドイツの最も傑れた宣傳活動寫眞に於ては想像もできないことであつた。その感動は、歴史と傳統と民族から生れ、それの最も直接的な凝固したあらはれである。

さて爲朝の名のりは、これだけで最も傑れた詩であるといふことは、爲朝の物語を土臺にして云へることである。我々はかういふ一句の詩のために、歌心の前景を語らうとするのである。

しかし白河殿は義朝の放つた火によつて破れ、爲朝は近江に逃れて病む時に召捕られたが、時の朝廷では末代に得がたいこの武人を失ふことを殘念がられて、伊豆大島に流された。爲朝はここで忽ち島の主となつたが、やがて七島を知行した。これが擅權なりとて、討手をさしむけらる。この討手を討つのは無益の殺生だと爲朝は思つたが、しかし「武士たる者殺業なくては叶はず」とたゞ一矢だけを放つ。この一矢は直ちに討手の大船をうち沈めた。この一矢だけを放つたところが、人となりの爽快の中に詩美の極致をうつしてゐる。

爲朝は大島で一矢で大船を沈め、家に入つて柱にもたれて自害したと保元物語は描いてゐる。なほ幸田露伴は、爲朝が沖縄に渡り、その子孫がこの島の王となつたと云ふ傳説を、「爲朝」の中でとつてゐる。露伴ほどの人の云ふことだから、この沖縄渡航の傳説も正しいのであらう。

日來《ヒゴロ》は何と思はぬ薄金《ウスガネ》が、などやらん
かく重く覺ゆる也

木曾義仲

爲朝と云へば、木曾義仲を並べねばならない。爲朝はその物語の中に、政治の渦中にゐる有様は少しもまざつてゐないが、義仲は政治の渦中に加つて、哀れに沒落した。彼の物語には武人が政治に加つたときの哀れさが描かれてゐる。

「平家物語」などでは、そのさまを滑稽としてうつしてゐるが、平家物語のその描き方は非常になつかしいものだから、この勇將の人がらの天眞のよさがそこからよくうかがひうる。

義仲は最も勇敢な武將の最大なものであつて、その勇略もよい。大義の理窟には通じなかつた人のやうに世俗では云はれてゐるが、本質的に畏怖すべきものを知り、心もちは極めて素樸な人物であつた。その生涯は大さうあはれであるが美しい。

義仲が平家を討破つて南下したさまは、まことに「旭將軍」の名にふさはしいものがある。この南下の壯擧は、日本の武將たちに、今までの史上にない戰ひの方法と、ある一つの戰ひの無常迅速な精神を情緒として教へたのである。

義仲が破竹の勢で南下した時、比叡山の山門大衆は、平家を棄てて、木曾に同心を誓つた。彼らは第一に義仲の戰ひを認めたのである。

都に於ける義仲の亂暴については、惡意を以て誇張されたものが多分にあつた。義仲の不幸は、當時の非常時的政治家たちの策謀の犧牲になつたことである。この犧牲になつたものは、源平の武將に多かつたが、後の義經もその一人である。

義仲は平家追放といふ形で、時代をかへる第一打を都に加へた。その推進力としての第一打が、あまりに大きかつたのである。この未聞の大きい力は、從つて都の文化にとつて、未知のものだつた。都人らはこれを驚き怖れ、野蠻といふことによつて知性的な安心をつくつた。この歷史の力の現れを知らぬ都會の文化人によつて、彼は戲畫化せられた。

平家物語によると、平家の都落ちの後、義仲は初めは高い官位を望んだが、つひに自分は馬をのり廻したいと云うて、關白を望む代りに、御厩別當に任じられた。これは滑稽のつもりか、輕蔑のつもりか知らぬが、實にさわやかな話である。

當時の最高の智識人であり、後には賴朝の同情者となつた九條兼實は、又義仲の同情者であつた。兼實は初めは義仲のことを天の使だとまで云うてゐる。兼實は歷史の表現に通じてゐたのである。兼實は平安時代から鎌倉時代への時局を收めた上での一人物であり、「玉葉」の著者である。「玉葉」といふ本はこの時代を知る上で最も大事な本の一つだつた。

兼實はこの本の中で自分の心境も書いてゐるが、源平交替の終末時代を「國家亂亡之時」

と感じ、「誠佛法王法滅盡之秋也」と嘆じて、念佛に日を暮してゐた。日に十何萬遍も念佛を唱へた。さうして義仲が京都の政治的混亂を抑へ得ないのを知つて、「たのむ所はたゞ賴朝の上洛のみである」と誌してゐる。

義仲は人力で如何ともなし得ない時局の混亂狀態の中で、その責任者とされたのである。彼は稀代の大政治家さへ、傍觀する以外に方法のない日に當面したのだつた。賴朝の如き人は、この時代を鎌倉から眺めて、力を養つてゐた。さうして時代の移り行きを眺めてゐた。

賴朝の實力發揮は、まづ內部の淸掃から始められた。義經の軍が上京して、義仲は一敗地にまみれた。しかし彼の最後の勇戰や、京の女房との別離のさまは實に心持のよい人がらをうつしたものがある。

六條河原から一條河原にかけての戰にもつひに敗れて、粟田口松坂から近江路へ落ちてゆくところを、平家物語には「去年信濃を出でしには、五萬餘騎と聞えしが、今日四宮河原を過ぐるには、主從七騎になりにけり、まして中有《チユウウ》の旅の空、思ひやられてあはれなり」このあたりは平家物語の中でも名文である。義仲最後の章など、殊に一卷中の名文であつた。よく學校の教科書などにも入つてゐたから、憶えてゐる人もあらうと思ふ。

中有といふのは、冥途とこの世との中間を云ふのである。

義仲は丹波へ出ようか、北陸に歸らうかと考へたが、乳兄弟の今井四郎の安危を思つて、勢多へ向ふ。さうして今井に會つて欣ぶ、こゝで義仲の旗をあげると五百餘騎の味方の兵が集り、範頼の軍と戦ふうちつひに主從たゞ二騎となる。

義仲は今井四郎に向つて「日來《ヒゴロ》は何と思はぬ薄金が、などやらんかく重く覺ゆる也」と嘆息したのはこの時である。薄金といふのは、義仲の着した薄金の冑のことである。これはこれほどの勇将の最後の言葉として、どんなあはれな詩にも、又どんなすぐれた悲劇の中にも、かつて見當らなかつたやうな、あはれに心うつ感慨である。

古からの詩人文人が義仲の心持をかなしんだのは、その性格と生涯の悲劇のためであるが、この最後のことばのあはれさのためであらう。これは平家物語の中に數ある最後のことばの中で、最も悲しく美しいことばであつた。彼が純粋の武人だつたから、かういふ千歳の後の詩人を愛しませるやうな、よいことばを云つたものである。

歌はたゞ何となく艶にもあはれにも
きこゆる事のあるなるべし

藤原俊成

業平、小町、貫之から始まつた平安時代の和歌の思想は、俊成と西行によつて完成する。この完成を大きく深く基礎づけ、理論化されたのが後鳥羽院であつた。

こゝにあげた俊成の句は、彼が仰せをうけて式子《ショクシ》内親王に奉つたといふ「古來風體抄」の中にでてゐる。この時俊成は八十四歳、建仁元年のことであつた。この詞の中には、平安末期の世相の不安が、あやしい美しさで漂つてゐるのが感じられる。

俊成は歌を作る時には、古い淨衣を着て端坐し、桐火桶をいだきながら、心をこらして考へるやうな人で、くつろいだ姿を少しもしなかつたから、歌の出來た時には、何となく心正しく、言葉もやはらかに整つてゐた。世人はこれを「桐火桶の體《スガタ》」と云つた。

當時の書物を見ると、俊成の子の定家の書いたといふ本の中にも、そのころの歌人の作歌の時の癖を云うてゐる場所が二三あるが、かういふやうに、誰彼はどんな形で歌を作つてゐるなどといふのは、隨分文壇的な感覺である。

俊成は九十歳以上まで長生した人で、文學者の長壽の例にあげられるやうな、めづらしい人であつたが、九十歳になつた時には、後鳥羽上皇の和歌所で賀を賜つた。その時は、あらかじめ屛風や褥を設けられ、その日は御製と鳩の杖を賜つてゐる。この九十歳の俊成が、我子の新三位定家に助けられて、めでたい座にのぼるさまなどが、「源家長日記」にうつされてゐる。

この家長日記に出てくる俊成はめでたいありさまであるが、古今の大詩人の中でも、彼ほどに長生し、しかも國の歴史あつて以來の不安な時代を、ほゞ一世紀に亙つて生きた詩人は他になかつた。さういふ日に、彼は、最も唯美な幽玄の歌を作つた。彼の子の定家も名人であつたが、その女《ムスメ》、所謂俊成女は、父の美の思想をそのままにしたやうな詩人であつた。幽玄にして唯美な作として、俊成女ほどに象徴的な美の姿を、ことばで描き出した詩人はなかつた。俊成女のつくりあげた歌のあるものは、たゞ何となく美しいやうなもので、その美しさは限りない。かういふ文字で描かれた美しさの相をみると、普通の造型藝術といふものの低さが明白にわかるのである。音樂の美しさよりもつと淡いもので、形なく、意もなく、しかも濃かな美がそこに描かれてゐる。驚嘆すべき藝術を作つた人たちの一人である。

さうして彼女の一二の作をみれば、俊成が「たゞ何となく」と云つた意味が、非常によくわかるのである。

さきにも云うたが、俊成が歌の道を古今集から始めることを云つた眞意はよくわかる。

美の思想としてもよくわかるが、彼の人麻呂讃嘆の文をみれば、歴史観的考へ方もわかるのである。

話が突然であるが、大鹽平八郎は、陽明學の學者で、思想上から天保の義擧を行つたが、その檄文の裏に天照皇太神宮の御札を貼つた。この檄文には儒者的な思想も多いが、天照皇太神の時代には復し難くとも、神武天皇御政道の通りに復したく、「奉二天命一、致二天討一」中興の先達となりたいと云うてゐる。

これは最も政治的で激烈な思想の現れであるが、傳統からものを考へる者の一つの發想である。恐らく俊成も、歌の道で、さういふ感想をもつたものであらう。しかし彼の思想の發するところの誠をみつめつゝ、それの情勢論的轉化を救つて、歴史觀をたてられたのが、後鳥羽院であつた。俊成の生れた時代は歴史になかつた不安と戰亂の日であつた。

さういふ戰亂の渦中で、彼は千載集を選んだのである。後白河法皇の敕令をうけたのは壽永元年であつた。さうして奏上したのは文治三年九月である。この間五年餘である。清盛薨去の翌年に始まり、義經が陸奥の藤原秀衡に投じた翌年に終つた。この戰亂の日の集に千載集となづけられ、最も唯美な歌風が形成された。

都を落ちてゆく平家の忠度が、自作の歌集を持參して俊成の五條の家を驚かした話が平家物語に出てゐる。忠度は都落の中途よりひきかへし、俊成の家へ來たが、門を閉ぢた中で家人は落人が來たと騷いだ。しかし名のつて俊成に會ひ、やがて世の靜つて選集の御沙汰ある日に、一首でも入れていたゞけば、草の蔭で嬉しくも存ずるでせうと、日頃の詠草中から百首あまり自ら選んだ歌巻ものを、鎧の引合からとり出して俊成に依頼した。俊成は涙を流して、「なさけも深う、あはれも殊に勝れて、感涙抑へ難うこそ候へ」とこれをうけとつた。こゝに云つた「なさけ」も「あはれ」も、そのまゝ彼の歌論の中のことばとなるもので、彼の歌論のことばはかういふ現實から生れたのである。

しかし彼はこゝで涙を流したお互の氣持の上の何となくあはれなものを、歌と感じねばならなかつた。この何とないものを思ふ道心を、明白な歴史観からして照明せられたのが、俊成を最も重く認められた後鳥羽院であつた。

この忠度の話は美談として知らぬ者はない。この時の歌の中から、俊成は一首千載集に讀人知らずとして選んだ。讀人知らずとしたのは、世にはゞかつて、この人の志を示したのである。忠度の美談は平家物語に二つの歌で語られてゐる。いづれも名歌として世に知られ、この人の性格は、武勇にかけても當代無雙の武人だつた。

秉ねて御消息の、君御助力ならずばと候は、頼朝の事にて候か、然れば君の字は恐れ候ふこと也。自今以後も更に有る可からず候者也

源　頼　朝

これは東大寺の俊乘房重源が、東大寺再建のために、頼朝の援助を乞うた書狀の中で、「君の御助力ならずば」再建のことは不可能であると云うたのに對し、君とは上御一人を申すことであり、頼朝をさして君といふことは今後ひかへられよと、返書にしるした文言である。

頼朝の幕府開設については、未だ史論種々であつて、國家治體の學を旨としてきた儒教系の思想家は、彼の幕府開設を大體認めてゐる。しかし彼より後の武士政治の犯した罪障は否定できないのである。

我國民一般は傳統的に史論人物論とは別に、頼朝、泰時、高氏、家康等の幕府の開祖を人がらとして嫌惡してきた。國民は必ずしも國家主義の政治情勢論を精密に考へないが、本能的に國の道に歸依する心を生きてきたのである。

しかし頼朝の行狀に於て、如何にも困ることは、赤間關のことである。高山樗牛は平家

讃美者であるが、その第一項に、平家がつねに大義に生きたこと、文化と道德をわきまへたことを云うてゐる。清盛に關しては功罪半ばするが、彼は「清盛骨相考」といふ文章を著し、清盛が巷間に流布する俗說と異り、美男子だつたことを云うた。清盛に關しては世評よくないが、彼は大略功罪半ばする人物で、惡人といふ類には數へ難い者である。もし今日の詩人文人が、赤間宮に詣で、早鞆瀨戶を眺めたならば、平家觀もいくらか異るのである。

義經が神器還幸のために苦心し、ずゐ分に苦心した跡は明らかである。しかしこゝでは平家にも極罪がある。誰彼の罪といふよりも、はるかに大きい危機が國をこめてゐたのである。

賴朝の國家に對する功績から、彼を認めた思想家は、まづ北畠親房である。親房はその同じ論理から北條泰時の善政をも認めてゐる。

親房の認め方は、國家人民に對する善政の上からである。賴朝、泰時といふ者がなければ、國家の人民は如何なつただらうか、といふ點から認めてゐるのである。

しかし歷史觀の思想から泰時の善政を否定した思想家は、本居宣長である。儒教系の愛國的革新思想と國學系の思想の異同はこゝに根柢をおくのである。宣長は泰時らを、民をめぐむふりをして世をあざむいた大惡人と云ひ、義時、泰時の罪は古の蘇我馬子に少しも劣らぬと云うた。

賴朝の手柄としては、親房の云ふところが當つてゐる。さうして賴朝は、ある時代の大きい流れが生み出した大傑物であつた。しかし彼がゐなければ世が如何になつたかといふ方から歴史を考へる思想は間違ひである。わが歴史とはもつとあきらかな天地の道だからである。それはむしろ親房が、大日本は神國也と唱へた一行の思想から考へるべきである。

頼朝といふ人を考へる時は、その國家に對する手柄、卽ち保元以降の世の亂れを救ふ歴史の精神の現れとして見るべきである。頼朝の思想及び態度は、北條義時、泰時の徒と同日に見てはならぬのである。

だから頼朝は主觀的にも思想的にも、努めて勤皇の心に厚かつた人である。さうしてその心が、霸者の勤皇の如くになつたことは、彼にとつて不幸と云ふべきものであつた。しかし彼の道が霸道の先例とされたといふことについては、心境に未しいものがあつたからである。この未だしさは彼を我々凡夫と同列に考へた未だしさでなく、頼朝の如き地位の人としての未だしさである。この點で頼朝は勤皇の心はもつたやうだが、勤皇の人でなかつたと云はれても仕方ないのである。

しかし頼朝は皇室に對する志とともに血統的感覺をもつてゐたから、己のことを君と呼ぶのをさへ禁じた。その心持は後代の武家の將軍や諸侯に絶えて見ないところである。「朝家の御大事、御所中の難事といふことでは、何度でも、頼朝が勤め上げる仕事でありますから、己の力の及ぶ限り、奔走したいと存じます」と朝廷へ申し述べてゐる。

頼朝の政治上のやり方は、後の德川幕府とは異り、つねに院宣を奉じて、一切を朝廷の御裁斷によつて行つてゐる。幕府の中で最も朝廷をないがしろにし奉つたのは德川幕府であつて、徳川幕府以外にはさういふことはなかつた。

このやうなわけで頼朝は朝廷に對し敬虔な志はもつてゐたのである。しかし我國の勤皇の心といふのは、楠公一族の如く、また菊池氏の如きものを云ふのである。

道のほとりのあだ言の中に、わが一念の發心を樂しむ

鴨長明

「方丈記」の著者、鴨長明は中世の隱遁詩人の先蹤といふべき人であつた。隱遁的詩人の風はすでに古い文學の上に殘つてゐたが、平安末期になつて、彼らの隱遁巡遊の思想は一變した。

それは武臣が威を振ひ、朝威が衰へたからである。さういふ日に、わが古の道を傳へ、歷史を守つて生きようとする者らは、木の下をゆく水のやうな、消極的な詩人の生き方をせねばならなかつたのである。

古の道はつねに一つに貫かれるものだが、そのおのづからな美しいあらはれだつた「もののあはれ」時代から、中世に來たとき、我が身上を「わび」「さび」と云うて、それを道を思うて生きる詩人の志の方の呼び名として呼ばれた時代がきた。

その時代に、さきに俊成、西行があり、長明が出た。後鳥羽院が水無瀨宮の日から、遠い孤島へ遷幸されたことが、文學者の心持を一變したのである。この都と島の二つの關係

は、西行の文學の中にあつた。さうして西行と俊成の眞實を認められたのは、他ならぬ院にましました。

西行が心なき身にもあはれが知られると歌つた時の心とは、現世の心、愛情の有心、好色に近い生活の心だつた。さういふ有心といふ人間の愛情界と、寂といふ無心界を二つとも合せ知つたのが西行だつた。

しかし後鳥羽院の大御心にあらはれたものは、西行のなほ及び得なかつた、わが國の歴史の心の生き方だつた。かうして院の精神を奉戴した詩人たちは、院の御生涯から、悲劇と崇高の、美と寂の美學をつくり、それを生命の原理と考へた。

後鳥羽院以後隱遁詩人たちは、宮廷に歸依する志を、昔の文化をしたふ生き方の中に描き出した。彼らの考へ方は近代的な文藝觀上の獨創の考へ方でなく、傳統を次に傳へる思想であり、その美の構想は美の宗教の方へと向つた。さうして彼らは古の宮廷の生活をうつした文藝の類を、古典時代の作品と考へた。

わが國の傳統詩人の古典の思想は、かういふ歴史觀と悲願の志から生れた。しかも鎌倉時代の文人たちは俳諧の紀行文よりも、人間界の物語の中に讃佛乘轉法輪の縁をみようとした。

長明が「發心集」の序に、道のほとりのあだ言にわが一念の發心を樂しむと云うたことは、已の耳ばたできいたことから、心うたれたものを誌すとの意であり、それをさして「雲をとり、風を結べる如し」とも云つたが、これは平家物語などの思想とも同一のものである。平家物語も、エピソードの中に道心を求めて涙を流すことが目的だつた。この道心は、理窟で説かれると、佛くさいところが多いが、つひに感覺的に日本の道の心であつた。西行の場合は、亂世からの逃走であつた。それは後白河院の申された「野山に交らん」とのお言葉に從つた詩人の生き方だつた。しかし後鳥羽院以後の隱遁詩人たちは、すでにある悲願を生きたのである。

奥山のおどろの下をふみわけて道ある世ぞと人にしらせむ

物思へば知らぬ山路に入らねどもうき身にそふは時雨なりけり

この二つの後鳥羽院の御製こそ、中世隱遁詩人の生き方を歌はれた金科玉條であつた。長明はすでに西行や俊成より、もつと新しい感覺で時代をとらへた詩人のやうにも見える。

この長明の道のべのあだ言をきくといふ心は、當時の名僧だつた明惠の逸話として、「徒然草」などにもつたへられた話によつて、今日では身につまるものがある。明惠はある時、川邊で馬を洗ふ者を見た、彼は口で「脚々《あしあし》」と云うてゐたが、それを明惠は佛教の方の「阿字《あじ》」と聞きちがへ、大さうありがたく思つて、誰方の馬かときいた。馬を洗ふ下人は、「府生殿の馬」と答へた。明惠はこれを「不生」と聞き、「阿字本不生」とは佛典にもあると、さらに感涙を催した。

又明惠はある時、美福門の傍で乞食女が、南天竺に一小國あり云々といふ當時の流行の謠物を語つてゐるのを聞きつゝ、二三歩行きすぎようとしたが、立ちどまつてひきかへし、この乞食女を供養した。これは佛教弘布の地に生れて、かゝる乞食女さへ釋迦遊化の地の名を唱つてゐることが、大へんありがたかつたからだと云はれてゐるが、しかし何もない機縁にさへ、立ちどまつて感涙を催さねばならぬほどに、異常に人の心がたかぶつてゐた時代だつたのであらう。かういふ人心の生れる時代は、危機の日である。後白河院が熊野三山に三十四度御幸になり、後鳥羽院も二十八度御拜になつてゐる。このことはかりそめに思ふことでないのである。

隱遁詩人の心持の本體は、宮廷の尊貴とその現れとしての文化をしたふ心であり、これは消極と見えるが、大切な心である。今日も大切である。それは道を思ふ心の初めだからである。この詩人の心が、長流と契冲によつて、國學へと展開されたものである。國學は政治情勢論から始まつたのでなく、又對抗的日本主義論から始まつたのでもなく、かうした民の感情から開かれた學問と思想の運動である。

昔南陽縣菊水　汲㆓下流㆒而延㆑齢
今東海道菊河　宿㆓西岸㆒而失㆑命

藤原宗行

宗行は承久の役の時、後鳥羽院の側近にあつて活躍した六卿の一人である。六卿たちは、その事蹟性行を見ても、みな大義を知つた大丈夫たちであつた。事件の責任を進んで側近で負ふため、自ら進んで北條方に捕へられたが、宗行はその一人として東海道を關東に送られ、藍澤原で斬られた。

この詩の昔南陽縣の菊水といふのは、支那の故事に、菊水を汲んで齢を延べた話があるが、今度自分は遠州菊河に宿つて、菊水ならぬ菊河で命を失ふのだといふ意味を歌つた。後世、海道を歩いたころの文人で、誰一人としてこの句を思つて悲涙を流さなかつたものはなく、承久のことを悲しまなかつたものはない。さうしてさういふ心こそ、我國の維新の源流である。こゝに文學のわが歴史に於ける偉大な力がある。

さういふ力は、過去の詩として殘つたのでなく、けふもものを思ふものを、ある志にかりたてる力をもつてゐる。これは血が歴史と一體となつてゐるわが國の實状である。

宗行はさらに東して黄瀬川に來た時、先に海道を下つた藤原光親が、こゝで斬られた話を聞き、

今日過ぐる身を浮島の原にてぞ露の道とは聞きさだめつる

と歌つた。この光親は承久の時の第一の忠臣で、その態度行狀性格を見ても、わが國の丈夫の中の丈夫である。

この宗行の詩歌のことは、鎌倉方の記錄である「吾妻鏡」にも「菊河驛では佳句を書いて、萬代の人々の口遊《クチズサミ》をとゞめ、黄瀬河では和歌を詠じて、己の一旦の愁緒を慰めた」と非常に深い心をこめてほめてゐる。

この承久の役については、古來から評傳するものが、みな義時、泰時に加擔した傾きがあるが、これらは結果論であつたり、或ひは結果としての善政からのべたもので、武家時代の史觀には、國體の先に善政を考へる霸道思想が一樣に濃厚である。

私はこの承久の役の精神が、建武中興となり、明治御一新となつた歴史觀について、以前に云つたが、承久の役こそ、今日深く我々が考へ、正しく理解するところがなければならぬ。今も我我の歴史觀を決定する眼目の一つはこゝにあるのである。

承久の役を記錄した文書は多く消滅して了つてゐるが、文學の方では「承久記」及びその數種の異本が傳つてゐる。その承久記は大體この事變を、未だ天の許さぬところだつたと批判し、この思想はずつと後世に宣長の出るまでは、疑はずに傳へられた。しかしこの考へ方は非常な間違ひである。

承久記の一本である「承久兵亂記」の終りに、「承久三年六月中旬如何なる月日なればゐるのが、我我の心を激しくうつ。承久記の評論は、大方が時代の情勢論の影響をうけてゐてつまらぬが、かういふ部分は感動から描かれた詩だから、永久に、人をうつのである。（中略）本朝如何なる所なれば、恩を知る臣もなく、恥を思ふ武士もなかるらん」と云つて「承久三年の秋にこそものの哀れをとゞめしか」とやはり「承久記」が云うてゐる。

長流のあとをうけて契冲が「百人一首改觀抄」を著した時、その末尾で、順德院の「百敷や古き軒端の忍ぶにも」の御製をとき終へ、「百敷の御歌はかなしびて以て思ふ心を顯はせり、詩人歌人の尤も歎くべき時なれば、黃門（定家）の心こゝにあるべし」と嘆息して筆をおいた。

この承久の時以來、わが文藝文化と精神思想の歷史も一變し、同じ道を奉じつゝも、「もののあはれ」は「わび」「さび」へと轉じ、詩人の生き方や嘆き方の方が、詩の本態となつた。さうして承久の後の詩人歌人たちは、貫之の云うた、古をしたひ今を戀ふ心を、武臣のはびこる亂世より遁れ隱れるといふ樣式の中に辛く保持したのである。

道のべにきく流言飛語の中に、よくわが道念をながめ、古の道を生きる志をうつし出した。この生き方には、歷史と時代の山も谷もあつたが、絕えることなく近世の芭蕉にまでつゞいたのである。

しかしかうした中世の形式をとつた隱遁詩人が生れたことによつて、昔ながらの樣式の上流の詩人たちも、地下《ヂゲ》隱遁者の影響からいくらか變貌した。かうした地下の上流に與へた影響は我が歌史の性質である。貴族文學といふ近代概念は、この隱遁詩人に對立した生活の貴族たちの文學と云うてよい。しかしその宮廷の文人に對して、遠く孤島の院は書簡をもつて指導を與へ給ひ、「新古今集遠島御抄」「後鳥羽院御口傳」「遠島歌合」「遠島御自歌合」等の御著述作品は、みなこの大精神の成果であつた。

しかもこの後の宮廷に於ては、至尊におかせられて、しきしまのみちといふ御自信が濃く激しく、殊に神祇歌に於てそれが深くあらはれ、これらが維新和歌の畏くも源流となつたのである。その至尊の御調べの中には、わが國の道の神ながらと、萬世一系の神裔の大思想が昭々と激しく展かれてゐるのである。

あるべきやう

明恵

栂尾の高辨、明恵上人の「御詞抄」の中に、人は「阿留邊幾夜宇和」といふ七文字をつねに心にもつべきだとある。僧は僧のあるべきやう、俗は俗のあるべきやう、臣下は臣下のあるべきやう、努めるとよいと云うてゐる。役人は役人のあるべきやう、民間は民間のあるべきやうでなければならぬ。「このあるべきやうに背く故に一切惡きなり」と云つてゐる。「我は後生たすからんと申さず、只現世にあるべきやうにあらんと申せ」とも云うてゐる。

我國の教學思想上から云へば、明恵はやゝ時の降る道元と竝んで、最も重要な人物と云はれてゐる。明恵の立場は法然に對する反對にゐた。しかも當時の最も嚴肅にして唯美的な浪曼思想は、明恵に現はれてゐる。

このあるべきやうに已を持すといふことは、最も何でもないことのやうで、實に大へんなことである。恐らく我國の僧の中で、佛典の教へる通りに身を行ひ、僧のあるべきやうを守つたのは、この明恵一人でないかと云はれ、これは古來の定說である。

しかもかういふ教へは消極的なやうで、實は激しい人によつてしか行はれない。明恵は外は非常に優しい風貌を示し、しかも内の强さは限りなく、平安末期教界の重きに任じた。その氣象の激しさを知る者は、平安文化の筋金はどこにあるかといふ、歷史上の流れを了知するだらう。

明恵はつねに「能をも嗜まず、藝をも求めず、佛に成らんとも思はず、道を成ぜんとも願はず、人中の昇進更に投捨て一切求める心のない」やうな者を「徒者」とよんで、かういふ者に人はなるべきだと云うてゐる。「生涯かゝる徒者に成還らば、豈徒なる事あらんや」と云つた。

これは文學的に芭蕉らの思想に通じる。思想的には國學にも通じる。卽ち我が古のおのづからの道に通ずるものである。しかも彼ほどに嚴しく戒を守つた僧は我國になかつた。明恵の傳記や言說には、佛家の通弊であるおどかしがない。これは非常によい。その傳記の如きは、日本の傳記文學中の最高作品の一つだらうが、さらにそこに出てゐる人がらは、純一無垢、この世の人とは思へないほどである。

かういふ明恵の文化史上の功績の大なるものは、教學思想上にあるが、これは私にはよくわからぬ。私にわかるのは、明恵が思想文化の上で、保守復古の精神を持し、平安末期鎌倉初期のわが動亂期に、高山寺の教團を以て、わが國の文化の精神を傳へる學園とし、又こゝで繪畫彫刻等の一切の文藝を保護し、保存し、しかも明恵の下から、所謂鎌倉時代のあの新しい文物が生れたことである。我が國の歷史觀を明らかにすれば、保守がつねに變革と創造をかねる理を知るものである。

新しい文化は決して外國のものの模倣調合や、取捨選擇から生れないのである。外國が新しい時代にも、さういふ心掛だけでは、新しい文物物産は生れないが、外國が少しも新しくない日にはさういふことは一層意味がないのである。

平安時代の教學界の指導者は、十分に自分らの文化を自覺してゐたから、もう支那の文化を、彼我論考した上でも非常に輕く扱つてゐる。今日の日本の立場としては、滿洲事變以來、世界を動かしてきたのは、日本以外の國でないといふことを、よく深く心に考へねばならない。

明惠がさういふ偉大な事業をしたのは、彼の背景にあつた信仰の力が原因であつた。しかし、天皇の都のもつ文化の威力が、よく東國の野蠻な武士を壓したのである。

これほどやさしい風貌をして、少しも人をおどかすところなく、しかもよく野蠻の暴力を抑へ、都の文化と都の信仰の力でさういふことを完成した人は他にない。それは我國がら故にできたのである。彼は學藝技術者として、幕府に協力した非常時思想家ではないのである。

この明惠の精神をつとに認められたのは、後鳥羽院であつた。後鳥羽院は明惠を認められたが、法然の方はお認めにならなかつた。さうしてわが精神の歴史が、こゝで二つに分れ、明惠的平家物語思想と法然的平家物語思想とも云ふべき、二つの線が後代の傳統としてあらはれることは、やはり後鳥羽院が教へられた。これは平家時代の思想の中から、明惠流の精神をとるものと、法然的精神をとる者との差別を教へられたのである。

明惠が北條泰時の無道を叱つたのは有名な話で、その時明惠は、この國土は神代より代々繼承された天皇の國で、萬物の生存みな天皇のものにあらずといふものはない、然るに泰時は私の理窟を立てて天皇に背き奉つた、さういふ人物の地獄に入ることは矢の如きである、と云ひ、如何に云うても許さなかつた。つひに泰時は涙を流して罪をつぐなふ法を問うたと云はれてゐる。

明惠の勤皇思想は、彼が論理的に嚴格な人だつたから、日蓮などより深いのである。三上參次の「尊皇論發達史」といふ本には、明惠のこの時の言葉は疑はしいと云うてゐる。これは明惠傳中最も信賴すべき「明惠上人傳記」に出で、これを疑へば明惠の傳記はなくなるのである。

しかし三上參次は、明惠の言といふのには疑ひがあるが、これによつて記者の思想を考へるのは間違ひないと云うてゐる。彼の記者とは傳記の著者なる明惠の高弟喜海のことか、あるひはこの喜海が著者なることをも疑つたものか。

しかしさういふことを彼は何ら説明せずに疑つてゐるのである。しかるにこの明惠と泰時の應待の場面は、古來より幾多の志士を感動させたところで、國の思想の上で輕率にすべきところでない。三上參次が何故これを輕率にしたかと云へば、彼自身が道心をもたなかつたからである。明惠にこの言葉のあつたことも、彼の思想ではさのみ大切でないのである。

また三上參次は自分の氣持から考へて、明惠がこんな立派なことを云ふまいと考へた。これは古來の偉人を、已と同等の下俗にひき下して論を立てる者の通弊である。賴山陽の如き史家は、此の明惠に感動し、「日本外史」の中で彼を賞揚したが、詩の中にも歌つてゐる。三上參次風の思想は、最もよくない考へ方であつて、彼がもし眞の學者なら、こゝで何故に疑ふかを明示すべきである。學者の使命はそこにあるのである。しかもこの明惠の一句は、すでに今日に及んで志士の多くを感動させ、彼らの勤皇の志の一つの源泉となつたものである。さうしてさういふ勤皇の志が、けふの我國を作つた歷史である。明日の我國を展く歷史觀の根柢である。これを悟らない時、我國の歷史の思想は成立せぬのである。

三上參次が、疑へば疑ふ餘地があると云うたのは、思ふに「明惠上人傳記」についての文獻學的研究の公認されたものがないので、學者として用心したのである。これは卑怯下賤な保身法である。彼が學者として勤皇論史を云ふなら、この一句を學的に決定するだけでもよい、それは眞に勤皇の心をつくした學問と云へるが、三上參次の思想にはさういふ精神は全然ない。

もつと廣く全般に亙つて、この「尊皇論發達史」は今日の時勢によいもの丶やうに見えて最も惡い本の一つである。これは勤皇を生きた人の氣持で描かれてゐないからである。

彼の支那は大邦と號し土地曠遠なれど、
受命の符は皆人工にして天造に非ず

虎　關

虎關は名を師錬と云ふ。「元亨釋書」の著者である。元亨釋書は、我國の僧徒を列傳した佛教史の最初のもので、中には傳奇の物語も多いが、その論議の部分に於て、思想として見るべきもの多く、その編撰に十數年を要し、元亨二年の年に後醍醐天皇の叡覽に供した。この我國最初の佛教史の中に、我國體に關する最も明確な思想がのべられてゐる。しかもこの本が、後醍醐天皇の叡覽に供し奉つたといふ點で一層その思想に意義がある。

この議論は佛家の中から實に突發的にあらはれたやうな議論である。日蓮の日本主義が、日本は世界で最もすぐれた國であると云ひつゝ、依然として佛法を王法の上においてゐたのに比して、虎關の炯眼は國體の眞髓に達した。虎關は臨濟の僧であつた。

虎關はつねにわが日本を大乘の國と云ひ、最もよい國と云つてきたが、このことについて問うた者に對し、我が建國原理を教へたところが元亨釋書の中にある。その大意を次に云ふ。

ものは自然といふことが尊く、造作であるものを尊ばぬのは世間の習ひである、自分が國史を讀むのに、邦家の基は自然に根ざし、他國にはこれがない。これが自分が日本をたゝへる理由である、この謂ゆる自然とは何か、即ち三種の神器である。

この「自然とは三種の神器也」といふ思想は實に大切な思想である。虎關はこれよりすゝんで三種の神器が、天より降つた天造であることを云ひ、天降《アマクダ》りの意味を敍してゐる。即ち支那の傳世品として、受命の符（天命をうけたといふ天子のしるす）はみな人造であつて、しかも國によつて變化した。傳へたものも十數代をへたものがない。これは我が神器の「我が國運の自然なるもの」に比べるべきではない。

當時では、否その後今日に及んでさへ、神器に關して附會の說をなすものが多く、あるひは、鏡は正道を現し、玉は慈悲であり、劍は智慧の本源であるなどといふ說が多く行はれ、古くこの說は儒佛思想に發したが、今日ではこれを西洋倫理學風に智情意に當て說いてゐる。

ところが、御神鏡は、「これを見ること我を見る如くに思へ」と諭されて、畏くも天孫に賜つたもので、智情意などといふものの寓ではない。それらを治しめす神そのものを申されてゐることは古典に明らかである。

この御鏡を智とか正道を象《カタド》ると云ふのは、神の大を、人智の小で限定することであるから、さういふ考へ方は、萬般のことに進んでゆくうちに、必ず色々の點で、困ることが起るのである。

しかしかういふ附會の説が何故起るかと云へば、古の儒教系の思想をもつた者らや、今日西洋流の思想をもつものらが、民意によつて立つ君主の思想や、德によつて天命をうけて立つ天子の思想に立つて、さういふ思想によつて、わが神器の意味を説かうとし、はるかに尊い神の天造物を、わたくし心でかこづけようとしたからである。

わが皇位とは神裔を踐み給ふものであるといふことを、よくさとらぬ者らが、德によつて命をうけて君主が世に立つといふ思想の巧僞虚飾の説にかぶれる時に、かういふ附會の説をなすのである。かういふ説は説く人も善い志の者が多く、外見も必ずしも惡い思想と見えないが、實はわが神裔思想を傷けてゐるものであつて、惡い思想に近いものであるといふことを深く警しめねばならぬ。

虎闞はこの點についてよく國體の歴史觀を了知し、又わが國の哲學を了知した。この虎闞の思想が、後醍醐天皇の下に、ある關係があつたといふことは深く考へる必要がある。多く儒教系の思想家は、みな德をもととして政治を考へたから、佛家の人の若干のもつた如き國體觀にたどりついたものは絶無であつた。

加茂眞淵は、天地はたゞ器であつて、そこには何の働きもない、働きはみな神のものであると云うてゐる。この眞淵の考へに近い點を云うたのは、虎闞である。儒學は、奈良時代前より制度學として入り、大きい害毒を流したが、家持の萬葉集、貫之の古今集によつて、平安時代には勢威を抑へられたが、武家時代になつて幕府に參畫し、神裔にもとづく政治觀の代りに、德に基く政治論を立てて、霸者の擁護に任じた。

彼らは覇者の擁護に任ずるところから、國體観を曖昧化したものである。親房の「神皇正統記」さへ儒意を尊んだ點では矛盾が多いから、まして江戸時代の革新的儒學者のたてた、日本主義の國體観の曖昧さは云ふ迄もないところである。これを虎闘こゝで神に基くと云つた時の、神のはたらきとは、自然であり創造である。

は「自然とは三種の神器也」と云つたのである。

徳を以て受命の資格とする考へ方が、神器に附會の説を加へたものである。しかるに、かういふ古の漢意《カラゴコロ》に發したものは、今日では別の形で生存してゐる。

ものの理を説くための心要からして神を考へる時間は、まだ人のもつ最も正しい時間と云へないのである。今日警しめるべき思想は、かくかくのゆゑに、日本は神國であらねばならぬといふ類の論がその大きい一つである。又劍璽が如何にして、いづこで造られたかを考へることが、科學的な神話解釋であるなどと思ふ者も警しめねばならない。

さらに又國民の報國の盡忠を、全體と個とか、無と有とか、大我と小我の關係で説くやうな近代西歐風の考へ方や、進んで大我のため小我を殺して、大我に合體するといふ形でわが自然の盡忠を説く者も共に間違ひである。我々は神の領《ウシハ》きますまゝに生き死ぬのであつて、こゝをさとれば、生死の崖にのぞむまへに、人間の智慧で生死観を明らかにしておかうといふ如き無駄はなくなるわけである。我が古の道の云ふ自然《オノヅカラ》とは、はるかに偉大深奥な思想である。

正成一人未だ生きてありと聞召され候はば、聖運遂に開かるべしと思召され候へ

楠木正成

後醍醐天皇が笠置に行幸された直後は名ある武士の参る者がなかつた。そのころの御夢に二童子あらはれ、それによつて河内の楠公が參内する縁が出た。敕命をうけた楠公は、「弓矢取る身の面目」と感激して、取るものもとりあへず笠置に參る。敕諚を賜つた楠公は、「東夷近日の大逆、唯天の譴《セメ》を招き候上は、衰亂の弊《ツヒエ》に乗つて、天誅を致されんに、何の仔細か候ふべき。但し天下草創の功は、武略と智謀との二つにて候。若し勢を合せて戰はゞ、六十餘州の兵を集めて武藏相模の兩國に對すとも、勝つことを得がたし。若し謀を以て爭はゞ、東夷の武力唯利を摧《クダ》き堅きを破る内を出でず。是欺くに易くして、怖るゝに足らざる所なり。合戰の習にて候へば、一旦の勝負をば必ずしも御覧ぜらるべからず、正成一人未生きてありと聞召され候はば、聖運遂に開かるべしと思召され候へ」と申し上げた。

この奉答は時が時ゆゑ、何の註釋も必要ない。大楠公はこの無雙の堂々たる言葉を強ひ

て言擧げ、つひにそれを行つて、日本人の教訓となり、生命原理を實踐したのである。これほどに激しい言葉を云ひ、さらに行つた人はなかつた。「太平記」のこの一段は、形容を正し、畏怖してよむべきところである。

しかし結果からこの言葉の精神を云ふのではない。我々はつねに、我々の生命のあるといふおほけない事實に於て、この大楠公の志を畏怖して平素に持すべきである。聖運とは天地を貫くみちである。わが皇神の道義である。國民はこの道のあるゆゑに、生命を命として保つのである。生も死もその時々の自然の現れにすぎないのである。

大楠公がかくて赤坂千早とたてこもつたさまは、古今東西に例ない偉大な靈異の表現だつた。太平記の記事をひく。

「千劒破《チハヤ》城の寄手は、前の勢八十萬騎に、又赤坂の勢、吉野の勢馳《ハ》せ加つて、百萬騎に餘りければ、城の四方二三里が間は、見物相撲の場の如く打圍んで、尺寸をも餘さず、充滿《ミチミチ》たり、旌旗の風に飜つて靡く氣色は、秋の野の尾花が末よりも繁く、劒戟の日に映じて輝きける有樣は、曉の霜の枯草に布けるが如くなり、大軍の近づく處には、山勢是が爲に動き、鬨の聲の震ふ中には、坤軸須臾に摧けたり。此の勢にも恐れずして、纔に千人に足らぬ小勢にて、誰を憑み、何を待つともなきに、城中にこらへて防ぎ戰ひける楠が心の程こそ不敵なれ」

大楠公の孤高の義烈は云ふまでもなく、その善戰智略もさることながら、この不敵の戰ひぶりに於ても、我が尙武の武士の時代にも、一人として脚下に及ぶものがなかつた。大楠公は所謂武士といふ武士と異るのである。彼は封建の支配をうけてゐなかつたのである。彼の大勇猛心こそ、わが國の神の靈威のさながらであつた。忠といふ思想以上の、神そのもののあらはれであり、わが國の勤皇の心は、道德思想として現れず、神ながらとして現れることは、今日も昨日も人が見たところであり、又明日に仰ぐところである。

「楠が心の程こそ不敵なれ」と云はれた大楠公の千早城の菊水の旗風は、これまでに見た源氏の勇者の一人として及び難い大勇猛の現れであつた。

十八歳の少年の賴山陽は、江戸遊學の途次に楠公の湊川の墓に詣で、一篇の長詩を作り、その中で「關西自有㆓男子在㆒」と吟じたのは、太平記の笠置千早の條を詩に歌つたのであつた。その詩の山陽の自註には、楠公が笠置行在所で東西の智勇を比較した所を誌してゐる。東國の武士は勇に於ても、楠公の天の高さに對し、地の低きにゐたのである。しかも公の勇は、信仰と信念の文化に發したものである。國の思想に根柢をおいたものであつた。

近ごろ淺野晃は「楠木正成」といふ著述に於て、大楠公の精神を奉讚し、近來の文章をなした。彼はこの本で、日本の英雄の像を明らかにし、悲劇と崇高といふ最高の美の思想を、我が民族のみのもつ神話としてうちたてた。こゝに描かれてゐる悲劇と崇高の思想を見るとき、それらは傳統の歷史觀を確保する我國に於てのみ、その眞の最高に於て成立する思想なることを了知するであらう。

ふるさとに今夜ばかりのいのちとも
知らでや人のわれを待つらむ

菊池武時

楠氏一族と並び、わが歴史上の雙璧は「一族勤皇」に生きた肥後の菊池氏である。菊池氏は藤原隆家より出てゐる。隆家は、後一條天皇の寛仁三年刀伊の入寇した時、たま〳〵九州に於て眼疾を養つてゐたが、勇躍して九州の諸豪を率ゐ、これを撃退した傑物であつた。その傳記も起伏あつて興味が多い。藤原道長の時代の人で、一箇の英雄であつた。

菊池武時は隆家より十數代目に當る。なほその子孫は今に續いてゐられる。武時は若く入道して寂阿と號した。後醍醐天皇隱岐より船上山に幸しますと聞き、使を行在所に遣し宣旨を拜し、元弘三年三月十三日、阿蘇大宮司惟直らと兵をあげ、探題を攻めたが破れて自害した。時に四十二歳であつた。武光は彼の第八子、諸子みな忠義の人々の中で、殊に勇武才略兼備へてゐた。

元弘の後に中興の功臣を議せられた時、楠公は武時を以て功臣第一と申したといふが、忠臣はよく忠臣の志を知り、しかも春秋千年ののちまでの菊池一族勤皇の志を了知したものであらう。「一族勤皇」は、期せずして正成と武時が叫んだ悲願であつた。

　武時の最期について「太平記」に「嫡子肥後守武重を喚びて云けるは、我今少貳大友に出し抜かれて、戰場の死に赴くといへども、義の當る所を思ふ故に、命を隕《オト》さん事を悔いず、然れば寂阿に於ては、英時（當時の九州探題北條英時）が城を枕にして討死すべし、汝いそぎ我館へ歸つて、城を堅うし兵を起して、我が生前の恨を死後に報ぜよと云ひ含め、若黨五十餘騎を引き分けて武重に相副へ、肥後の國へぞ返しける。故郷に留め置し妻子どもは、出しを終《ツヒ》の別れとも知らで、歸るを今やとこそ待つらめと、哀れに覺えければ、一首を袖の笠符《カサジルシ》に書きて故郷へぞ送りける」とある。笠符とは部隊を分つための標や布だが、袖につけたのは袖符《ソデツケ》と云ふのである。

　その歌が初めにひいた一首である。武重はこの時「四十有餘の一人の親の、唯今討死せんとて、大敵に向ふ戰ひなれば、一所にてこそ兎も角も成り候はめ」と、再三申したけれど、武時は「汝を天下のために留むるぞ」と堅く教へたので、武重は泣く〳〵肥後へと歸る。初めはたゞ無念をはらせと教へ、きかない末に、つひに天下の爲めといふ悲願の信念を、あとに云つてゐるところが、太平記作者の見所である。

　この武重の書いた「寄合衆內談の事」といふ文書が今も菊池神社に寶藏せられてゐるが、これは菊池氏の家憲とも云ふべきものである。その第一條に「天下の御大事は、內談の議定ありといふとも、落居の段は、武重が所存に落し付くべし」とあり、第二條には「國務の政道は、內談の議を尙すべし、武重傑れたる議を出すといふとも、管領以下の內談衆一統せずば、武重が議を捨てらるべし」とある。これは今日に於て含蓄の多い信條である。本書の初めの方で云うた聖德太子の憲法の一項と全然反對のやうに見えるから、考へ合はすとよい。

天下の御大事とは、皇國の大事であつて、菊池氏が一族勤皇の精神として傳へて護持してきた實體をさす。菊池氏一族にあらはれた勤皇の歷史である。國務の大事といふのは、政治折衝に關することである。このけぢめは明らかでないやうにも思はれるが、さういふ考へ方は一期の大事に遭はない者の、未だ淺薄な考へ方であることを、この條によつて知るべきである。しかしそれを知るには、たゞこの家憲のみを、自分の考へや今の立場から考へても了解し難いのであつて、菊池一族盡忠の歷史から、深くこの章句を思はねばならぬ。

さてさきの武時の歌が故郷にとゞけられた時、武時の妻は夫の歌をよんで、

故郷も今宵ばかりのいのちぞと知りてや人のわれを待つらむ

と自分の感慨を歌つて、夫の後を追つて自刃した。

七生滅賊

楠木正季

足利高氏が九州勢を率ゐて攻め上つた時、これに對する大楠公の軍略は坊門宰相に一蹴され、つひに正成は死を決して兵庫に向ふ。笠置参内の日に比して、この日の孤忠の臣の身心やつれた姿は今や云ふことばもない。すでに正成の生涯は、赤坂の日に於て、民族が數百年をかけてなしあげうる偉業を、一刻々々に決定するやうな、永久な聖業を無限に重ねてゐたのである。

兵庫の戰ひの門出に、彼の疲れてゐることは當然であつた。いつの日にも、眞の人は少い。さうして彼は櫻井驛で、我子正行を河内に歸し、この時に一族代々の勤皇をさとしたのである。櫻井驛の庭訓こそ、わが國の思想史上の最も重大な一事だつたことは、近頃ではよく自覺されるやうになつた。

「獅子は子を産んで三日を經る時、數千丈の石垣より是を擲ぐ、其の子獅子の機分《キブン》あれば、教へざるに中より跳返りて、死する事なしと云ふ。況んや汝、已に十歳に餘りぬ。一言耳に留らば、我が教誡《ケウカイ》に違ふ事なかれ。今度の合戰は天下の安危と思ふ間、今生《コンジヤウ》にて汝が顔見んこと、是を限りと思ふなり。正成已に討死すと聞きなば、天下は必ず高氏の世になりぬと心得べし。然りといへども、一旦の身命を助らんために、多年の忠烈を失ひて、降人に出づる事あるべからず。一族若黨の一人も死殘つてあらん程は、金剛山の邊《ホトリ》に引籠つて、敵寄せ來らば、命を養由が矢さきにかけて、義を紀信が忠に比すべし、是ぞ汝が第一の孝行ならんずる」と泣々申含めた。

　萬葉集の時代の終りの頃に、家持が、わが家の歴史とは、代々忠を以て天皇に仕へ奉つてきた歴史であると知つたことは、萬葉集の成立の因となつたが、楠公の櫻井驛庭訓《テイキン》に於て、この思想は、一段と悲痛な状態の中で國體のみちとふれ合つたのである。

　この切々血涙をこめて、しかも無限な重きに任ずる心より發する言は、笠置の奉答の精神の、悲劇的展開を示してゐる。しかしこの我國の悲劇には、「運命」といふ考へ方が主體となる代りに、我が國の「歴史」が、高らかになりわたつてゐるのである。異國の運命や悲劇の考へ方から、この悲劇の中の「歴史」を彼の「運命」と同一視してはならぬのである。

　我々の歴史は、血と土の二つをふくめて、その上にある精神である。我々の民族は、この歴史をもつ民族である。我々は、かつて神の住み給うた山川を眺めて、わが血の中に民族の神話を同想するだけではない。我々はわが神話の日の神裔を、そのまゝにうけ傳へ給ふ御歴代を、歴史として奉戴してゐる民族である。我々の歴史観と文化觀は、單に血と土の思想のみから考へてはならない、神聖な繼承を原理とすべきものである。

さて楠公は湊川に向ひ、こゝで戰ふこと十六度、身に傷をうけること十一ヶ所、力つきて自害する時、一族十三人、手の者六十餘人となる。正成は上座より弟正季に向つて、最後の一念をきき、「そも〳〵最後の一念に依つて、善惡の生をひくと云へり、九界の間になにか御邊の願なる」と問うた。最後の一念で、後生が決定し、死後に生れる九つの界が定められると云ふ思想である。九界とは、地獄、餓鬼、畜生、修羅、人間、天上、聲聞、緣覺、菩薩の九つの世界である。

この時正季はから〳〵と打笑つて、「七生まで唯同じ人間に生れて、朝敵を滅さばやとこそ存じ候へ」と答へた。から〳〵と打笑つて、當時の時流だつた佛教の說などを一蹴したところが、まことに武人らしく雄々しい書きぶりである。

正成はよに嬉しげなる氣色で「罪業深き惡念なれども、我も斯樣に思ふなり、いざさらば同じく生を替へて、この本懷を達せん」とて、兄弟刺違へて、同じ枕に伏せられた。

この罪業深き云々といふことばも、正季がから〳〵と打笑つたといふ意味と同じに考へるとよい。當時の常識だつた佛家の罪業の思想はすでにこゝでは霧消してゐるのである。正成の思想に於て霧散してゐるばかりでなく、佛說を云ふを念としてきた太平記記者の思想からさへ、消滅したことを思はせるやうな書きぶりである。この七生滅賊の思想は、櫻井驛の垂訓と一體である。

櫻井驛の遺址には、今、明治天皇の御製の御歌碑が立てられてゐる。

子わかれの松のしづくに袖ぬれて昔をしのぶさくらゐの里

又、湊川懐古との御題の御製に

あだ波をふせぎし人はみなと川神となりてぞ世を守るらむ

この御製を拜する時、悠久たる時空をへだてて、今ある人は云はずもがな、すでに死した人も、これから生れてくる人もふくめて、民族といふ全體が泣き、その聲がきこえるほどにありがたい思ひがする。かゝる全體の感覺がわが「歴史」の情緒である。

大日本は神國なり

北畠親房

「大日本は神國なり　天祖はじめて基をひらき、日神ながく統を傳へ給ふ。我國のみ此事あり、異朝には其のたぐひなし、この故に神國といふなり」

これは「神皇正統記」の冒頭に出る言葉である。古今東西に、著述と名のつくものは無數にあらうが、この冒頭の一句に勝る言葉で始められた著書はなかつた。

親房は延元四年筑波山下なる小田城を出て關城に遷つた。神皇正統記の著述はこの小田城在陣中でないかと云はれてゐる。手許の參考書として僅かに「皇代記」一册を求め得たにすぎなかつた。陣中繁忙の中に於て、當時の親房は東國陸奥の官軍を指揮し、その事蹟は多くの殘存する文書によつても知られるが、その間に、この一卷をしるしたのは、軍によつて大義を護持する以上の激しい熱情を味つたからであらう。神州の神國たるを護持するために、親房はわが子の多くを陣中に失ひ、なほ老齢戰野をかけりつゝ、この一卷の書を著して後人の燈としたのである。

文學を學ぶ者の冥加としても、かりそめに云々すべき著述ではない。彼はこゝに描いた思想のまゝを戰場に行つて、しかもさらにその行爲の及ばぬところを、奇しきことばの力でうちたてようとした。後代に及んでも本書は、わが神州思想の護持に身命を投じたものの原動力となつたが、まことにさもあるべきことであつた。我國の眞の文學とはかゝる創造の力をもつものである。

さらに親房がこの本のなつた興國二年二月に著した「職原抄」は、わが官制の制度故實を明らかにしたもので、二つ合せて新帝後村上天皇に奉り、御政治の參考に供する老臣の誠忠に出たものである。「職原抄」も亦多く後代學者の典籍となつた本である。

親房の神皇正統記には、なほ當時の諸思想や情勢論が附隨してゐる。しかし本書の眞髓は「大日本は神國なり」と云つたところにある。彼は儒佛兩道の思想に通じ、本書にもその影響多く、矛盾も殘してゐるが、さすがに末流の文學家でなかつた親房は、大日本は神國であらねばならぬといふ形で統一した論を立てなかつたのである。

今日の哲學的思想の考へ方は、大體が、日本はかく〳〵故に神國であらねばならぬ、といふ形の議論をしてゐる。これは古から我國にある一部の模倣文化者流のものの考へ方で、たゞ昔は儒佛からそれを云ひ、今は西洋哲學の原理から云うてゐるにすぎないのである。

この「大日本は神國なり」といふ言葉は、論理としては絶對唯一のものである。これは、大日本は神國だと云はねば、我國の歴史や生命が説明されぬから、神國と云ふのだといふ類の、當節の議論とは違ふのである。かういふ議論は、我國の歴史としての楠公や菊池公の忠義や、維新志士の殉忠の業や、眞珠灣特別攻撃隊の行爲を神わざと知つたが、それを神わざと云ひきる思想が已の學問の中にないから、これは神わざと云はねば説明できないと云つてゐる。これらは文化上の舊來の合理主義が神祕に降服したもので、我國の古のみちはかういふ考へ方から神の道を見たものでなかつた。しかも以上の歴史上の事實は、説明されるためにあるのでなく、それらはみな我國を傳へ我々の生命の原理となり、更に新しいものを生み出す源泉の原動力である。

我々はわが輝かしい歴史を、「神」といふ概念を立てて説明するのでなく、神の歴史のあらはれとして信じるのである。この我國が神國であるといふ事實は、神皇正統記にも申されたやうに、わが天皇の御歴代の御一系の繼承といふ歴史の不動の事實である。輝かしい歴史といふのは、萬古一系の歴史であり、今日にもくりひろげられてゐる歴史である。

今日の世間では「神皇正統記」が歴史の書といふよりは史論の書であると云ふ者が未だに少くないが、これは謬りの大なるものである。我々はさういふ歴史觀を改めねばならぬのである。我國の歴史の書とは、神皇正統記の如き精神の表現を云ふのである。かうした歴史は、一切萬象の事件や記録を、いつでも包括しうるのである。しかし歴史の事件や記録を記述しても、その中に、眞の歴史が描かれてゐない場合が少くないといふことは、まづ悟るべきことである。さきに云うた「尊皇論發達史」の如きは、引敍された故人の言説文章の中には歴史が流れてゐるが、論者の著述する心の中には何一つ歴史といふ思想がないのである。

神皇正統記は神國の由來をのべ、後村上天皇卽位のところまで敍してゐる。この巻末は中ごろの議論とは異り、盡忠の老臣の至情が、無限の神韻を傳へ、これを讀んで泣かざる者は、我國の文人ではない。この文章こそ純一無垢の神の心である。

「大日本島根は本より皇都也、内侍所神璽も芳野におはしませば、いづくか都にはあらざるべき。さても八月の十日あまり六日にや、秋霧におかさせ給ひてかくれまし／＼ぬとぞ聞えし。寝が中なる夢の世今に始めぬ習ひとは知りぬれど、かく／＼目の前なる心ちして、老の涙もかきあへねば、筆の跡さへとゞこほりぬ。むかし仲尼は獲麟に筆を絶つとあれば、爰にてとゞまりたく侍れど、神皇正統のよこしまなるまじき理《コトワリ》を申述べて、素意のするゑをもあらはさまほしくて、强ひて誌しつけ侍るなり」

このかくれましましぬといふのは、後醍醐天皇の崩御を傳へ聞いたのである。かうした文章の素意の激しさが、よく陣中に筆をとらせて、この書をなさしめた原因である。武も國を護るが、文のなほよく國を護る理は、神皇正統記に於て明らかである。しかしこの文武の論は、當節の文化論から云ふのでなく、わが歴史の事實から云ふ點を、讀者の誤解せぬことを希望したい。

なほ文中の「獲麟」といふのは孔子が「春秋」を著した時「哀公十四年西狩獲麟」の句で筆を絶つたことから、絶筆の意に用ひる。孤忠の臣の志が、文人としてのダンデイズムを抑へて、さらに新帝の御世のことを誌さうとしたことは、今讀んでさへ文を思ふものを激發せしめる。この末尾に近いところにもらされた悲願こそ、この老臣が最後の戦ひをくりかへした、あの激しい意志と精神の原因であらう。私はいさゝか親房の國體觀の議論については疑問をもつが、この末尾と初句によつて、わけても末尾をよむとき、感動して己の至らなさを鞭うつのである。

君がため世のため何か惜しからむ
捨ててかひある命なりせば

宗良親王

吉野の皇子はみな君のため世のために、尊き御身分にもかゝはらず、臣の如くに生涯を奉行せられた。わが詩歌の御祖と奉戴する皇子も、古い御代に、御身は最も尊いきはにましましつゝ、國の臣の踏むべき道を御自らで教へられた御方であつたが、吉野時代の宗良親王も、近い歴史の日のさうした典型にましました。

親王の御家集「李花集」及び吉野の君臣の集なる「新葉集」は、わが文學史上の高峰である。宗良親王はこの時代の御詩人であつた。吉野の悲歌の作者の中でも、御歌の數に於ても天稟に於ても、わけて傑れさせられる。

こゝに誌した御歌は、古來より廣く人に知られたわが國の名歌の一つであるが、皇子の御身にましましつゝ、御自を以て、臣の盡忠の志の御教へとなられた大精神を知るべき御歌である。わが皇朝に於ては、古來より皇族は臣の列にいまさぬのであるが、その御志に於ては、臣の盡忠の至誠そのものを、道としてお示しになつた。こゝに我國が神國なる理があるのである。

この御歌には「戰場に出で侍りし道すがら、勇みあるべき事など、つはもの共に言ひ含め侍りし次に、思ひつゞけ侍りし」との詞書が、李花集に出てゐる。ふかく情景を思ひ、御心境を味ふべきである。

正平七年閏二月二十日小金井原合戰に官軍勝ち、二十六日小手指原に敗れた。御歌はこの頃の作と拜される。この閏二月六日に宗良親王は征東大將軍に補せられ給ふ。李花集にその時の御心持が誌されてゐる。

「遠國に久しく住み侍りて、今は都の手ぶりも忘れはてぬるのみならず、只管弓馬の道にのみたづさはり侍りて、征夷將軍の宣旨など賜りしも、我ながら不思議に覺え侍りければよめる」とあつて次の一首がある。

思ひきや手も觸れざりし梓弓おきふし我身馴れむものとは
感銘ふかい御歌である。言葉を以て註したくないほどに、その思ひは深いものである。人の生命を惜しむことは當然である。しかし我々は進んで生命を棄てる時にもあふのである。その時生命以上の偉大なものを考へ、わが生命とそれを比較するといふ考へ方は、さしあたり少しも惡い思想ではないと思はれてゐる。しかし我々の國學の思想では、この場合にもつと大切な思想を教へたのである。それは比較する人智を教へる代り、我々の生命の原理となる思想を、我我の歴史と現實の中に教へたのである。捨てて甲斐あるいのちといふのは、さういふ思想が、言葉の美しさとして現れたものである。このあらはれのもとなつた思想、即ち我が神國の思想をいふことが、我々の使命である。

宗良親王は七十餘の御一生を、すべて天皇のために捧げ、その御生涯を以て、戰場を轉戰せられた。この御意志の强さと御精神の激しさは神さながらであつた。金枝玉葉の御身を以てかくも久しい御生涯を戰塵の中に終へられた御方は、古今東西の歷史にないばかりでなく、わが盡忠の武將に於ても、かゝるためしはかつてないのである。しかもその間に親王は御家集李花集その他に、わが文學史上の有數の文學を御殘し遊ばされたのである。

北になし南になして今日いく日不二の麓をめぐりきぬらむ

これはその陣中轉戰のさまを歌はれた名作である。富士山は赤人ののちこの名作を得たが、この富士山麓を歌はれた御歌は、富士山麓を一巡りするといふ、しかも世の常ならぬ軍旅の間になつた尊い名作である。

明治天皇の富士山の御製を、私はかういふ歷史の中に拜して、感動に耐へないものを味つた。

あま雲もいゆきはゞかる富士のねをおほふは春の霞なりけり

天皇の御宇さながらなおほらかに大なる御製である。

本國開闢以來、百皆聽二ク諸ヲ神一ニ

足利義持

足利義滿の明國に對する屈辱外交は、むしろ信じ難いほどで批評の他である。一般に武家の将軍は、内の壓制に強く、外の大國に對して弱かつた。これは彼らの成立の根據がつねに霸道にあり、霸道のゆゑに、外に對しても強いやうに思はれて、實は弱い。霸道の根據はわが國柄を了知せぬ思想だから、物質力の比較をつねに政權維持の根柢として考へるのである。

義滿の屈辱外交の後に出たのが、義持である。義持はいろいろの點でよいことをしてゐる。あたかも北條泰時に比較すべき人物であるが、泰時より心持のやさしい人物であつた。

應永二十六年七月に、この義持が明國王に遣つた文書が殘つてゐる。その中に「今大明國の使臣が、來つて兩國往來の利を說く、然れど大に不可なるものあり、本國は開闢以來、百事みな諸れを神に聞く、神の許さざるところは、細事と云ふと雖も、敢て自ら施行せず」云々と云ひ、先の将軍義滿は左右の佞臣の辯に乘ぜられ、ことを詳にせずして屈辱の交りをしたから、つひに神罰をうけたと、その文中で云うてゐる。

この文書は明王がわが八幡船の進出を抑壓せんことを將軍に願つたものだが、義持はこれを拒否したのである。我國の武家の歴史上で、對外態度に於て最も立派だつたのは、北條時宗であることは云ふ迄もないが、義持も亦立派だつた人物である。

義持のこの文書は疑ふ人もあるが、もしさういふ人が、義滿の外交文書も疑つて信じない人なら、これを疑つてもよい。しかし義持の書が餘りに堂々として立派だからとの理由で疑ふ者が、義滿の方を疑はないのである。我國の學者はかうした考へ方をするやうな屈辱的な思想を、學問だと思ひ込んできたのである。

本居宣長は「馭戎慨言《ギョジュガイゲン》」の中で、外交文書は「一こと一文字の違ひにて、國のながききずともなるわざなれば」深く注意し、強く警しめねばならぬといふことを云うてゐる。宣長のこの本は皇國の外國交際上の注意を文化論から云ひ、史上の事實を評論した興味深い本である。

この「馭戎慨言」の中で宣長は、この應永二十六年の義持の文書を評論し、大體に「いと宜し」とほめてゐる。しかし「大明國」とある大の字はよくないと云ひ、文中「本國」とあるのは今少しあきたりない、「皇國」と云つて欲しいと評した。

「百皆聽二諸神一」といふのについては、「まことに皇國の道にかなひて、いとも〱よろしき仰せ也、すべて異國人にしめす書には、殊に御國の道のこゝろを、むねといふべき也、しかるをただもろこしの國の道のこゝろをもて、よろづを云ふは、へつらへるわざ也」と云つてゐる。

我國は、天照大神が天孫に對して「葦原の千五百秋の瑞穂の國は、是は吾が子孫《ウミノコ》の王《キミ》たるべき地なり、うべ爾皇孫《イマシスメミマ》就《ユ》きて治せ、行け、寶祚《アマツヒツギ》の隆《サカ》えんこと、まさに天壌のむた窮無し」と宣り給ひ、これを建國の基とする。「諸を神に聽く」とは、この建國の精神に立つことである。

しかるに國の思想によつては、民俗の異る外國人を諭し得ぬと考へ、さういふ考へを文化的と思ふ者は昔からあつた。しかしわが國が皇風に從つて飛躍した時は、かうした考へのなくなつた時代である。

國の思想によつて異國人を諭し得ぬと考へる時は、必ず他に媚びへつらふこととなり、ひいてわが建國大本の思想を忘却するに到る。それは建國の思想であるから、その大本を忘れる時は、忽ち思想上からあらゆる方面に故障が起り、國家治體が紊れるに到るのである。

しかし單に心持がよいだけでは、國の文化思想の正道に立つを得ぬのである。このことは宣長が秀吉の手柄をつよく深く讃へ賞めつゝ、なほ重大な批評をした意味であつた。秀吉の外交文書は、その精神に於て彼の志を現してみなよいにもかゝはらず、國の文化といふものの深さになほ深く考へ到らぬ點で、若干の缺點があつた、と宣長は評してゐる。

百萬一心

毛利元就

「百萬一心」は、毛利氏の家訓として、今も山口圖書館前庭の石碑に彫られてゐる。しかしこの石碑は新しく建てたものである。百萬一心とは、防長百萬、一心一體となつて外敵に當る意味であるが、御一新の一時期には、まさに百萬一心が、彼らの生命の合言葉となり、決意と精神となつて、御一新の直接動因をなしあげた。

しかし毛利氏の勤皇敬神は、元就以來の傳統である。戰國の英雄は競つて朝廷の御用を奉獻し、大神宮に奉幣してゐるが、元就はそのうちでも特にその志の厚い人物であつた。しかもこの傳統が、毛利一藩の兵力を以て、御一新の先驅となつた原因である。しかも毛利一藩の力で、全國の幕軍に對抗し得るといふ信念は、一つには百萬一心の傳統があつたゆゑである。

今日では「一億一心」といふ言葉が、日本の決意を現す一つの根柢となつてゐる。これは勿論、敕語の億兆一心から出たものであるが、敕語の御言葉は、過去現在未來を包括されたものであると拜察する。一億一心は、今日の日本國民の人口總數を一つ心に集める意味であらう。この意味で、毛利家訓に共通したものが味はれる。當時防長の人口百萬あつたかどうかは知らぬが、多分百萬に近いものでなからうかと思ふ。

この語が元就の語錄中のものであるかどうかはわからない。しかし元就の三子垂訓の話と、その遺言を見ると、百萬一心は彼の思想と云ひ得る。又毛利氏の事蹟をみても、この語は元就のものとしてよい。三子垂訓といふのは、三子に矢を折らせて、兄弟の合力をさとした物語で、これは唐土の故事にもあることだが、元就の遺言狀をみると、この物語が生れる理由がある。

毛利元就はその人物性格に於てもすぐれた人であつた。文學に於ても、戰國の英雄が皆さうであつたやうに、なか〳〵長じた人であつた。戰國の英雄が文學に深い關心を拂つたことは、政策の意味以上に、勝利と創造の根源力をそこに求めたのである。

それについて面白い歌がある。三好修理大夫は、ともあれ一方の雄だつたが、彼の戲歌に、

歌連歌ぬるき物ぞといふ人の梓弓矢を取たるもなし

といふ面白い作品がある。三好も亂世の梟雄の一人だつたから、この歌が面白いのである。歌連歌は生ぬるいものといふ議論が、當時あつたことも知られる。

戰國時代の武將は、文學としてわが歌道を學び、これは元就、信玄、謙信みなさうだが、德川封建の世になつてからは、武家が制度行政家となり、儒敎が流行して、國ぶりの歌道を輕んじるやうになつた。しかし德川幕府の頃の學者文人たちは、大ていの思想家が戲作

を残してゐる。學問と戲作とが明瞭に分離してから近代の小說が起つたが、文化文政時代の戲作者は、みな一かどの學者を以て任じた。自らも任じたが、たしかに尙古の趣味をもつて、學者めいたところもあつた。小說家が學問上の趣味や、古い藝術品に對する感覺を失つたのは、大正中期以來である。

元就といふ人は、その遺訓や手紙をみても、苦勞をした人だつたことがわかる。弘治四年に長子隆元に與へた自筆の書簡にも「我等は五歲にて母にはなれ候、十歲にて父にはなれ候、十一歲之時興元京都へ被上候、誠に無了簡みなし子に罷成」云々とある。興元は元就の兄だが、當時室町幕府の命で上洛したもののやうである。

この手紙にはつゞいて「元就十九歲之時、興元早世候、如此以後は、勿論親にても、兄弟にても、或伯父にて候甥にて候などの一人ももたず、たゞ〳〵ひとり身にて候つれ共、今日まで如此かゝはり候事にて候」とある。興元は在京三四年で歸郷したが、間もなく早世したのである。

かういふ身邊肉親の狀態を思ふと、元就の兄弟力を併せよといふ遺訓が、きはめて切實に味へるのである。

この三子に與へた遺訓書は元就六十一の時に誌されたものであつた。「我々事者は萬一七十まで生き候共七十に成候ては、錢も米も武具も衣裝も被官も中間も入まじく候、たゞ〳〵心安居候事ばかりにてあるべく候、其上又十に九つも七十までは存命すべからず候」と隆元に與へた手紙の中で云うてゐる。しかるにそれから五年目、元就六十七の時に、隆元は父の代參で嚴島に詣でたが、その歸途、佐々部で急逝した。「一層其身も共に相果て、同じ道を辿ることこそ本望なれ」と元就は悲しんだと云はれてゐる。

しかし、老いた元就は十一歳の孫のために再び政務をとり、又出陣もした。さうして七十四歳まで生きて、十八歳の輝元を叔父たちに託して死んだのである。

諸卒は敵方に對して惡口を云ふべからず

武田信玄

武田信玄の家憲とした「信玄家法」は上下あつて、上巻五十七條は主として行政家としての信玄の眞價を示してゐる。又下巻は專ら漢籍の本文を引用して、日常行爲の規範となる事項をのべてゐる。こゝにあげた條は下巻に出てゐる。諸卒が罵言をなして、敵を昂らせてはならぬ點をいましめたものである。

上巻の行政上の法律規定に關しては、信玄が時流に卓越した思想家だつたことがみとめられてゐる。しかしこの家法には貞永式目の影響が多いのは當然であらう。當時戰國英雄の法令は數箇殘つてゐるが、最もすぐれたものがこの信玄家法と云はれてゐる。

この家法の上巻の五十五條の中で、もし信玄の定めた法度に對し異見をもつ者は、貴賤を論ぜず之を申し出たなら、時宜によつて修正する覺悟をしてゐると云つてゐることなどは、現代の思想から云へば、多分に官僚的であるが、爲政者の壓制を權威の如くに妄想してゐた當時に於ては、まことにめづらしく、殊に法令中にそれを明示した點が彼の偉大さをよく示してゐる。

信玄はさういふ點ではよく衆智を求め集め、色々の改革をなし、民間の故智を發掘し、それを組織して、國防上有效に用ひた。

當時の軍紀でみれば、謙信の陣立や戰術には鋭利な勇猛があるが、信玄のそれは、沈着なすご味がある。しかしその點で信玄の陣立は奥深くて、世人の一般的好感をうけないやうにも見える。たゞ彼の兵學思想は、必ずしも科學主義でなかつた。

わが國で最も合理的で科學的だつたやうに見える信玄の兵法の決論は、俗に「人は垣、人は堀」と云はれてゐるやうに、「天の時、地の利にしかず、地の利、人の和に如かず」と古來より說かれてきた極端な精神主義であつた。さういふ思想から、家法の制定もされたものである。さうして家法にはそれがよく現れてゐる。

信玄の好敵手だつた謙信は、詩歌の達人として、戰國時代の文學上に異才を放つてゐるが、信玄も機山と號し、その詩歌には注目すべきものがある。その詩風から察すれば、謙信の激しいきびしさの詩情に對し、むしろ濃艷大様の風があり、つねに薔薇を愛し、庭前に植ゑて樂しんだらしい。「春去り夏來る新樹の邊り、綠蔭の深き處に留連す、つねの性癖閑淡に耽り、黃鶯を愛しまず杜鵑を聞く」と、いふやうな詩もある。

詩文を見ればさすがに名門の優美があり、謙信の詩情ほど個性的に鋭くはないが、大様にして神經質にこだはるところがない。この文學にあらはれたものが、兵術にも現れてゐる。

家法の中でも、「學文は油斷すべからず」とか、「歌道は嗜むべし」「參禪は嗜むべし」などの條をあげ、今なら所謂文化的といふべき條が多い。その一つに「風流は過すべからず」と規定してゐる。過すべからずと云ふのだから、風流も嗜みの中に加へたのである。これは風流といふものが當時はどのやうな生き方であつたかを歴史からみれば、大略わかるが、後世では風流といふ概念が、單なる美的なものに遊離した。後の武士が風流と云つたのは、殆どその生き方を忘れた殘影であつた。

なほ參禪を嗜むべき理由として、「參禪には別に祕訣はない。たゞ生死の切を思へばよい」といふ語をあげてゐる。參禪によつて生死のきはを忘れる心境に入るやうな、激しい行をしたのである。武士は必ず生死をかけた戰場に出るものだが、それは有事の時で、平素の生活では、獵人が身を生命の危險にさらして、つねに生活を最も危險な場所で戰つてゐるやうなくらしはしてゐなかつたから、つねに修養と人工によつて、生死を忘れる心境を自得したのであらう。

無茶な坐禪をつゞけてゐると、いつか動くことさへいやになり、生命を奪ふものがおちてきても動きたくないやうな心境になると、荒い坐禪をしてきた若者が云つたが、さういふことはあると思へる。

大體戰國の英雄は、一土豪から立身した者でも、單に蠻勇のみでなかつた。北條早雲の如きは、亂世の英雄の代表者の如くに見られるが、「早雲寺殿廿一箇條」といふ家中訓の如きは、さすがによく下情をうつし、玩味すべき文書の一つである。その中の一條に、歌道を學ぶことをさとし、文學を學ぶことの必要は今さら云ふまでもない、必ず諸士は文を左にし武を右にせよと教へてゐるものがある。

この「早雲寺殿廿一箇條」は、就寢起床のことまで教へてゐるが、その中に、奉公のひまに家に歸れば、家の四圍を見廻して、犬のくゞり所をふさぐがよいと書いてゐる。さうしてそれにつけ加へて、下女などのつたないものは、軒を拔いて薪にしたりし、當座のことを考へても、後のことを考へることがない、萬事かくの如くするものだから、注意せよと云うてゐる。この法令にはかういふ下ざまのことまで注意してゐるが、こゝまで注意すれば、他の注意は云はずとも萬全になると思はれる。

四十九年夢中酔　一生榮耀一盃酒

上杉謙信

天正六年謙信四十九歳で歿す時に、この辭世があつた。同じ時の作として「極樂も地獄も先は有明の月の心に懸る雲なし」といふ一首も傳へられるが、これは拙くて謙信の作と思へない。

天正五年四十八歳の謙信は兵を擁して北陸道を進んだ。その陣中で有名な「霜は軍營に滿ちて」の作をなした。又この同じ軍旅の作に、

もののふの鎧の袖をかたしきて枕にちかき初雁のこゑ

野臥する鎧の袖も楯の端もみなしろたへのけさの初霜

これらは極めて個性的な作品であるが、深く歌を學んだ人でなければ作れない技巧の精緻な作である。彼は細川幽齋を通じて、足利將軍の傳言をうけてゐるが、歌道も幽齋に學んだと云はれてゐる。しかしいづれが先なるか、今はよくわからぬ。

甲斐の信玄と竝んで、當代の名將だつたが、文雅風流の上でも、當代の二大名家だつた。即ち彼ら二人の間でくりひろげられた所謂川中島の戰ひは、この二名將が、何か一箇の己

の藝術を樂んでゐるものの如くに見える。

謙信は初陣十四歳の日より、生涯を清廉潔白に送り、殆ど精進の生活をし、つひに一生獨身であつた。たゞ戦ひを藝術的に描き出し、その間に珠玉に似た詩歌の名作を殘した。その戰ひに於て、生涯のうち一度も虐しい侵略や攻略はしてゐない。彼の如く美しい合戰の圖を描くだけの目的をもち、それを行つた武將は、恐らく東西古今に例がないであらう。

天正五年の西への進撃に當つても、忽ち越中能登を併せ、信長の大軍の面前に殺到した時は、史上無類の猛將信長も、兵をまとめて急速に退くより他なかつた。謙信はこの信長の退却ぶりを讃へたが、一面では失望した。彼はわが敵をつねに最も深く高く良く評價した武將だつた。

甲斐の信玄に對しても再三再四の挑戰狀を出し、兩雄の花々しい正面の戰ひによつて描かれる豪華な合戰繪卷を空想して、いく度も兵を信州に集めた。しかし、信玄はつひに動かなかつた。謙信は目的のための戰ひをきらつて、空しく敵の陣形を嘆賞しつゝ、本城に歸つた。しかし謙信が信玄の本陣にきり込み、「奇兵」を以て勝負を決しようとした時には、かなりいらだたしい挑戰狀を出してゐる。

古の人も知らず、今後の人も語りつぐやうな華々しい合戰を、信濃川のほとりに描くことが謙信の目的だつた。さういふことを彼はくりかへし云つてゐる。信玄は兵學を描かうとし、謙信は戰場に詩を描かうとした。

詩文に於ても、謙信の詩はますらをぶりの個性にふかく、その詩情には一種の永遠な虚無とかなしみがある。信玄の詩文は悠々たる文雅の豊かさだつた。

わが武家の時代に於てさへ、戰場を一つの詩と見た武將としては謙信の他になかつた。戰國時代の陰慘な史實の中に、謙信の長驅する姿を見ることは、わがますらをのみちの證として、心淸らかな思ひがする理由である。

謙信が信長に與へた挑戰狀は豪快なものであつた。しかし信長は出會の瞬間に逃げ、謙信はそれを殘念がりつゝ、失望して力をおとし、追ふことをしなかつた。謙信はかういふ戰ひの見方をしたのである。彼の關心では勝負は恥辱によつて決せられた。彼の戰爭の思想は無常の極致に達した一定觀である。戰ひを戰場に描いた武將の中で、謙信ほどに美しい構想をした者はなかつた。その激しさ虛しさに於ても匹敵する者がなかつた。

彼の詩人的な天性の異常なものが、その戰ひ方にも見られるのであつた。彼は十三歲の時に、「我一生のうちに武名を天下に擧げて上洛せずんば非ず」と志したと云はれてゐるが、戰ひのさまを見ると、もつと激しい無常迅速の思想を、藝術として戰場に描き出してゐる。

信玄が高野山の僧某から兵法の虎の卷を得たことを喜んで、その僧に高祿を與へたといふ話を聞いた謙信は「虎の卷などいふのは劍術の日取方取の書だ、軍術に於て用ふるに足らぬものだ」と一蹴してゐる。二人の武將としての性格をよく示した作り話と思はれる。

謙信が上杉管領家の乞ひによつて、その家を繼ぎ、管領家を滅した北條氏康を攻めた時の戰ひの如きも、彼の本領を示した實に美しい繪卷である。管領家再復の懇望を容れて、謙信が關東の諸大名に飛檄を發した時は、忽ち十一萬三千餘騎が集つた。謙信は關東平野を風靡しつゝ、堂々の陣を布いて、忽ち小田原城下に侵入し、城下に火を放つたが、北條氏康は城中にかくれて戰ひを交へない。謙信の戰爭の表現はこれで終つたのである。彼はさういふ戰ひと勝利をくりかへした人だつた。城下に殺到し敵が手も足も出し得ぬ恥辱に遭ふのを見れば、それで敵は敗れたと見たのである。恐らく謙信はさういふ狀態に自分をおかれたとき、それを以て生命の終末と思ふやうな詩人だつたからであらう。

この日の謙信のいでたちは、さび色の惣萌黃絲の鎧を着し、甲をもつけず、白い手拭ではち巻にし、采配を取つて全軍を指揮したが、「天竺唐土にもかほどの强將はあるまじ」とて小田原勢はたゞ驚嘆して眺めるばかりで、一人も出會はなかつた。

天正元年信玄が死し、その報を謙信の聞いた時、彼は丁度食事中だつたが、箸を捨てて落涙して悲しんだ。彼の描かうとした生命の藝術は相手を失つたからである。

信玄は「醉狂者を相手にせず」といふ令を家法の中にあげてゐるが、謙信の戰ひ方などむしろ醉狂といふべきものであつた。謙信は一つの信仰をもつてゐたが、それを正しく歷史のことばでいふすべは知らなかつた。彼はたゞ漠然とした詩人だつたやうである。彼は戰場に藝術を描かうとした武將だつた。それは彼の戰ひぶりをみる時、明かで、そこには一種の鬼氣と共に爽快なものが味へる。

謙信の軍陣訓といはれる文書に「運は天にあり、鎧は胸にあり、手柄は足にあり、何時も敵を掌に入れて合戰すべし、疵付く事なし、死なんと戰へば生き、生きんと戰へば、必ず死ぬるものなり、家を出づるより歸らじと思へば復歸る。歸るべしと思へば是亦歸らぬものなり、世の中に不定と思ふは違はずといへど、武士たる道は不定と思ふ可らず、必ず一定と思ふべし」といふものがある。

「敵を掌に入れて戰ふべし」といふのは、一つの教訓である。「死なんと戰へば生く」といふのも、身をすてゝこそ浮ぶ瀬もありと云つた後世の劍法思想より、はるかな絶對的である。これは呉子の「必レ生則死、必レ死則生」に出た思想で、信玄も云うてゐるが、謙信ほどに信念を以て斷じ行つた者は例がない。さらに世の中は不定だが、武士たる道は不定でないといふ思想は、恐らく彼の戰場から得た信念と思はれる。これは志の始めである。こゝで論理的矛盾があるなどといふことは當らぬ。この陣中訓は謙信の作と云はれてゐる。謙信の作としては、文章が拙いが、思想は近いものがある。

心頭を滅却すれば火自ら涼し

快川

信玄の子勝頼の代になつて名家武田氏は滅んだ。謙信は信玄の死後勝頼を上洛に誘つたが、勝頼の返牒のなく、それを遺憾としてゐる。名家の滅ぶ時は止むを得ないものがある。

この勝頼滅亡の次第を誌した書には、「甲亂記」と「理慶尼の記」の二つが有名である。「甲亂記」は勝頼滅亡後六十年餘にして出版され、高坂彈正昌信の臣で春日摠次郎の著とい ふ。「理慶尼の記」の方は、勝頼に仕へた勝沼氏の女理慶尼の遺著で、これを傳へるため二本を作り、一つを甲州大善寺に残し、他は高野山引導院に納めた。志の深い著述として、私はこの女子の思ひを思つて、この書のことを特に云つたのである。

身邊に見聞したことを誌し、勝頼の人がらをよく傳へて、あはれなことの描かれたよい文章である。引導院の眞筆本は明治になつて出版されてゐる由だが、私は機會がなくてまだ見てゐない。私はこの尼のやさしい志を尊く思ふ。しかし事の大小によらず、事柄の明不明にかゝはらず、名もなき一著述も、多少ともこの尼のあはれにやさしい志に似たものによつて描かれたものである。著述を尊ぶことは、つねにかゝる志と、志を傳へんとした歴史の思想を尊ぶことである。

快川の冒頭の著名の言は、勝頼滅亡後の事件の中に生れた。これは「甲亂記」に出てゐる。快川の最後は、武田氏の文化を表現したものの一つである。この言葉は今も人口に膾炙してゐる。

快川は惠林寺の僧で、最期の年の前年にも、朝廷から國師號を賜つたほどの高僧である。惠林寺は夢窓國師の開いた名刹として、信玄の墓もここにあつた。當時は七堂伽藍も再建され、善美を盡した結構を誇つてゐたが、信長の甲州亂入の時に燒却された。

勝頼の死體を惠林寺に葬るのにつき、快川の獨斷で行つたといふことが、信長の云ひがかりだつたが、武田方の侍が多くこゝに遁入したこともあり、又武田氏の代々の勢力を一掃するために、信長はこの寺院を滅さうとしたのである。舊い名家の勢力には、つねに想像以上の團結力が感覺の中にあるからである。

この時信長方の侍は、寺内を檢索すると稱して寺僧らを山門に上らせ、しかるのち薪を積んで火を放つた。かういふ荒々しいやり方は信長のよくしたところである。そのさき信長が勝頼の首實驗に於て、勝頼の首を辱しめ、そのさまは味方をさへ異常に思はせた程だつた。しかしこのことを「理慶尼の記」は非常に美しく描いてゐる。美しく描いてゐるだけに、あはれがふかいのである。

さて猛火は次第に燃え上つたが、快川は少しも騷がす、火中で弟子たちに、末後の思索をせよと云つた。その時長禪寺の長老の某といふものが、快川に問うて、「三界に安んずるところなく猶火宅の如しと云はれてゐるが、一體どこに逃れたらよろしいか」ときいた。これに卽して快川は二三の問答をしたのち、最後の斷として「滅㆓却心頭㆒火自涼」と云つた。さうして結跏趺坐して靜かに最後の工夫に入つた。

他の僧たちも、刺違へるもの、炎の中へとび入るもの、或ひは柱に抱きついて死ぬものなど、總じてこゝに八十四人、宏莊を誇つた佛殿寺堂は一瞬に滅ぼされた。

この快川の話は戰國亂世の智識人の態度として、千丈の氣を吐くものである。快川の根性には必ず、頑強に守つて兵火に燒殺されるやうな精神があつたのであらう。史書の多くでは勝賴の最後を以て、凡庸の二代目の末路として輕んじてゐるが、必しもさうでない。又武田氏滅亡の火中に、快川の氣骨のあつたことは武田氏そのものとその文化のためにも、よく考へ合せたいことである。

この惠林寺法滅ののち僅か百日ならずして、信長は洛中本能寺で變に遭うて火中に自害した。英雄の榮枯盛衰のあわたゞしい日であつた。さういふ日に謙信が、信玄や信長との一戰に、目的を離れた美しい繪巻を描かうとした心懷も、美しく理解されるのである。

隣國の來り犯す時苟にも遲疑する勿れ

織田信長

信長の生涯は電光石火の如く、しかもその天下統一の大業の足跡は、昭々と輝いてゐる。これほどにあわたゞしい英雄の生涯も少く、これほどの大なる足跡もまた少いのである。秀吉、家康とうけつがれた大事業のあるものは、殆ど信長の構想に出てゐた。信長の急と秀吉の大と家康の守が巧妙に織りなされて、我國の近代封建は自らに完成したのである。

梟雄時に遭うて英雄と化した例である。しかも信長の場合はあらゆる條件がめぐまれてゐた。しかしその好條件を開いたのは彼の決斷であつた。誰彼といはず一般に戰國の英雄は、意外の異常果敢な信念を生きてゐたのである。

普通の考へ方からすれば、萬人の見るところが、信長が今川氏に勝つ筈がなかつた。しかも事實に於て、信長は義元を倒したのである。この合理主義の顚覆によつて、近世史は開かれたのである。それをなしたものは、信長といふ人であつた。老臣の忠告や、重臣の情勢論や、または合理的戰局判斷や、或ひは實力判定などといふ舊智識の一切を碎破して、桶狭間に義元を襲つた彼の決斷の神機だつた。

永祿三年五月十八日織田方の使者清洲に到着し、義元は昨十七日以來、沓懸、大高の兩城を攻め危しと告げる。信長は諸士を集め救援を議す、老臣らは敵衆五萬にして味方は三千に過ぎぬと云ひ、清洲を守ることを獻策する。信長はこの說を排した。先君の敎へに、隣國の來犯する時は遲疑すべきでない、とあるが、自分はこの志を守る、從ふ者は來れと告げる。「天下の英雄にして、其の地の利を恃んで、時機を失ひ、自ら滅亡した者は限りない」と云つた。さうしてかういふ機會の諫言は無用だと云ひ出陣の準備にかゝる。

信長は酒を命じ、宴酣な時に立つて、人世五十年は夢幻の如くである。生あるものの又必ず死ぬるのは、この世のことわりである、「壯士はたまさに何をか恨まんや」と舞をさめて、卽座に甲をつけ馬にのり、單騎鞭をあげて驅け出した。從ふ者辛く十人餘、熱田神宮に到着したとき千人を得た。

すでにこの間信長は義元の進軍狀態を考へ、配陣を察して、先陣と本陣の間隙について信ずるところがあつたので、道を選んで敵の中核をうつ策を立てゝゐたのである。

かくして敵陣を見下す場所に出たときは、三千騎が後續してゐた。しかしこの瞬間に於て、なほ老臣重臣といふ徒は、信長の馬を控へて、この若年の大將の決心をおさへようとしたのである。彼らは敵の衆を見て、勝利の契點を眺め得なかつたからである。

眼下には味方の兩城は火を噴き、敵は勝利におごつてゐるのである。しかし信長は聲を勵して、敵の進軍狀態と陣形と心理を說いて、妄進にあらざることをさとした。この時部下の一将が、「敵は兩城を拔いた後で、まだ陣形を改めてゐない、その本陣は後方におくれてゐる、この間に隙があるから、直ちに本陣をおそふがよい」と進言する。信長はこの部將の言を入れ、これは信長のことを一擧に決せんとする考へに當つてゐた。信長はこの部將の言を入れて、旌鼓を伏せて山路をまはり、忽ち桶狹間に出る。この時會々大雷鳴あり霧雨あたりをつゝみ四界昏黑と化す。雷將軍と雨將軍が信長の援軍としてあらはれ、三千の兵はこの瞬間に實質的には何萬かの加勢を得たのである。しかしこれは期すべきことでなかつたし、又信長はそれを期待したのではない。我々は乾坤一擲の大業に際して、雷將軍や雨將軍に期待するのでなく、信長の神意の決斷を希望するのである。神風を祈ることは、風將軍を待つのとは異る思想である。

信長は新兵器の利用によつて、我戰史の新例をひらき、亂世を一擧に統一する基礎をなしたが、その二十餘年の活動の根柢にあつたものは、この桶狹間の戰ひに現れた精神の斷であつた。この斷なくば彼は清洲城に餓死する以外に他なかつたのである。

桶狹間に出た時、信長は決死の戰を期して、馬より下り、白兵戰に移らうとする。この時部將の森可成が騎乘長槍の戰ひの有利なる點を力說し、信長は潔くこの諫言を容れて義元の本陣に突入す。正親町天皇永祿三年五月十九日のことである。

吾朝は神國なり　神は心也

豊臣秀吉

豊臣秀吉の外交文書や、世界經營に關する文書は澤山あるが、その豪宕無類な點は今日に於てこそ極めて現實的に考へられるが、近年までは一箇の大英雄の半妄想的なものと考へられてゐた。

秀吉は今日の大東亞構想の過半をすでに當時に行つてゐた。今日の大東亞構想の地域は、今後に生々發展するものであるが、大東亞文化構想とされてゐるものは、古代の三國といふ世界觀に近いもので、秀吉は朝鮮、支那から、南洋、印度をその政治的世界觀としてゐた。今日の構想と實質的に大差ない。

此にかゝげた文句は、秀吉が印度副王に與へた文書の中にある。友交の返書であるが、その冒頭に、自分は近く支那を平定する、その路に於て印度を平定するのは何事でもない、といふ意が明らかにしるされてゐる。その意味で來貢を要求したものだが、つゞけて我國は神國であり、この神の道が、支那で儒道となり印度に於て佛道となつたことを云ひ、我國が文化の中心であることを云つた。この考へ方は、今日の革新一派の文化構想と類似してゐる。

秀吉の文書にかういふ神道思想が現れるについては、すでに室町時代にさういふ萌芽があり、吉田兼倶が、唯一神道は諸法の根源で、釋迦も孔子もみな日本の神道によつて生れたものだといふことを云つた。

ところがこの種の民族的な考へ方の原因はもつと澤山にあつて、室町幕府の外交はみな屈辱軟弱を極めてゐたが、當時に於ては一方で、日本が諸國の根本になる國だといふ自覺が、激しく民衆の間に起つてゐた。卽ち本當の歷史は幕府になく、この民衆の民族感覺の中にあつた。

これらの事實は當時の民衆的な文藝の中に無數の徵證があつて、「お伽草子」といふ當時の小說本の中にも多くの例があり、また、「謠曲」にも現れてゐる。實例を云へばお伽草子の「百合若大臣」や「御曹子島渡」には蒙古征伐が描かれ、謠曲の一つには一漁翁が白樂天を退ける話がある。これは白樂天が詩をもつて我國を從へようとして來た時、住吉の神が漁翁の姿になられて、わが和歌の偉大さを說かれ、それを聞いて白樂天がとてもかなはぬと思つて逃げかへる話で、今日よく云ふところの文化侵略といふ問題をあつさり扱つてゐる。

又「狂言」の中には唐の王を相撲で投げつけるといふ激しい作があるし、「幸若舞」の方で大切な作になつてゐる「大日本記」といふのは、後花園院の御前で舞つた由緣の作で、題からして自覺的な作品だが、內容はわが神國の由來を說き、天竺は廣いが月を象り月氏國と云ひ、唐土は大だが星を象つて震旦國と云ふ、わが日本は小だが日を象つて日域と云ふと、日本を誇り、「三國一の我朝は、心のまゝの壽命にて、長く榮ふる目出たさよ」と結んでゐる。

我國では幕府が軟弱屈辱の外交をしてゐる時も、決して國の志氣は衰へない。それは足利幕府の例に見れば明らかで、爲政者は弱腰な時が多く、國民はつねに强かつたのである。有名な八幡船時代の南方大發展にしても、この文藝上の國民自覺と同一の源より出たものである。この海外發展は幕府勢力に反對で又不滿な民族感覺が新天地を展いたもので、彼らは異國に出て始めて我國がらを知つたのでなく、もと〳〵民族感覺の生きる新天地を求めた自らな發展であつた。最近の例をみても、國民の民族的發展には先行する文藝が多數あつた。今日それがなかつたやうに思つてゐるのは、見るところが淺いからであるか、ないしそれを見ては困る者らが、人の見るのをかくしてゐるからである。

室町時代足利幕府のころの文藝に於て、海外發展に先行する精神は、みな「わが國は神國なり」といふ歴史觀を原理としたことは、つひに秀吉の印度國への通牒に於て、明らかな形で現れたが、當時の民族的發展は、秀吉の世界構想に展開されたのである。

即ち秀吉といふ廣大無邊な大英雄が生れるについては、それを先行する傳統と思想があつたのである。さうして秀吉の對外政策に於ては、必ず現地に關係あつて、すでに現地に發展してゐたものの進言があつた。秀吉が獨自の大構想を恣意《ホシイママ》に立てたのでなく、當時の民族的發展の個々が秀吉といふ個性に集中したわけである。

さうしてこのことは秀吉關係の文書が十分に正しく傳へてゐる。これは大さうありがたいことである。つまり秀吉が民族と歷史の指導者と云ふ者でなく、彼に民族と歷史の總べてが集中したといふ形で、民族そのものだつたといふことが、そこに示されてゐるのである。秀吉のルソン對策は原田孫七郎によつて行はれたが、既に古くから原田はルソンに往來してゐた貿易商の手代だつた。

先般マニラの陷落した時、その一月九日大阪市民は秀吉の遺志の一端の實現したことを喜び、數萬市民が行進して太閤の神社に奉告した。これは民族の遺志の實現であり、歷史の實現といふ意味を、太閤に象徵した理想を通して欣び、さういふ民族的な意味が市民を行進にかり立てたものである。しかし秀吉に最大の規模で開花した反封建的海外發展は、德川氏の幕府的統制によつて禁斷せられ、この時海外にあつた我同胞は一切放棄せられたのである。わが過去を通じて、これ以上に無慚な爲政者の罪惡は例がないのである。

總じて茶道に大事の習といふことさらになし、皆自己の作意機轉にて、ならひのなきを臺子の極意とするぞ

千利休

臺子の傳授といふのは、茶道の相傳のうち、最も大切なものとされてきたので、秀吉はこれを利休から受けようとした時、誓詞を書かせて、秀吉その他その場に居る七人の者以外には傳授せぬことを誓はせた。その時、織田有樂がその場を退出しようとすると、利休は「御前なりし故に茶道の極意は殘すよし」を有樂にさゝやいた。そこで有樂は利休に何を殘したかときくと、こゝにあげたことばを云うた。

茶道が當時の大名を迷信的に信じさせたのは、その傳授と習ひ、卽ち行儀にあつた。この傳授の實體は歷史と傳統の精神の相傳形式の低下した殘影であつた。しかし彼ら茶人の精神には、古の精神の殘影はあつた。秀吉と利休のこの臺子傳授の物語には、俗な形の中によく二つの權威の對立を示してゐる。

詩人と英雄が共通する權威を奉じて對抗する時の悲劇は、岡倉天心が描いてゐる。利休は完全な御用作家になり得ぬ人だつた。この利休までの茶人は、なほ隱遁詩人風の歷史觀

とそれをもつ者の生き方を傳へてゐた。この歴史觀とは、わが古の道を守る生き方の本體だつた。

歌道の方の隱遁詩人が、權威武威の支配を逃れて茶をたててゐたころには、もう御用詩人風の茶人が出てゐた。利休はさういふ新しい有用な形の上で、傳統を守りその精神を大ならしめようとし、つひに彼の悲劇を描いた。當時の茶人には依然として世捨の生活を傳へる一派と、秀吉に現れた民族昂揚に奉仕し、その文化工作に任じた一派があつた。當時の民族的發展勢力に結合した茶道も、もと〳〵その民族發展が幕府より離れた勢力の表現なることを本能的に知つてゐたのである。しかもこの時代の茶人には二派があつて、一方は極端な侘茶を行つてゐたのである。さうして秀吉は一般の武士でなく、民族そのものをあらはした英雄だつた。彼は大名の生き方と侘び人の生き方をかねて知つてゐた人である。

利休は秀吉に現れた線に於て、民族的な日本美學をたてた偉人だつたが、それをなす原理に於て傳統を歪めなかつた。當時に於て堺の旦那衆やその仲間の茶人の間では、彼の權力への接近を、すでに早くから悲劇の原因と豫見したが、たしかにそれは一大原因だつたにちがひない、しかし、絕對的な原因は、利休の奉戴した原理の問題であつた。

この點では同じ時代の文人の代表者である松永貞德とは、多少ちがつてゐた。その思想もちがつてゐる點がある。貞德は今日の世人が考へてゐる以上に立派な思想と、なつかしい心持を國の道にいだいてゐた人である。

しかしさういふところに於ては、利休の悲劇は貞德の場合起らなかつた。天心の云つたやうな意味の悲劇は、天心のやうな英雄の詩人でなければ氣づかぬところである。紹巴の悲運は利休の悲劇とやゝ異つてゐた。むしろ紹巴の方は、御用詩人の悲哀といふ點が多いのである。

貞徳は茶道の流行するのは、歌道が衰へたからだと慨嘆してゐる。たしかにさういふところがあつた。歌道の方の原理は、窮極に古の道を立てゝゐる。神の威力が、歌道の方の傳授を、戰國武將の間に流行させた一因だつた。

安土桃山時代の一代まへの武將は、みな歌道の方の文化を尊んだ。謙信、信玄、元就はともかく、早雲のやうな實際的な人物で何の教養もなかつたと思はれる人が、家中心得の一條に歌道は學ぶべしと訓戒してゐる。

歌道の傳授がもつた思想の威力の中には、わが古の道の歴史觀の傳統が多分にあつたのである。しかしこの時代の隱遁詩人は、すでに武家巡歴派と、侘茶的詩人の二つに別れてゐた。この傳統をあくまで整理したのが、芭蕉である。

利休の場合は、茶道の最後の人だつた。その精神を傳統のまゝに傳へた人々は、みな野山に死し、「近世畸人傳」に名を殘した者など、まだしも幸せな方であつた。眞の茶道を作らうとした精神は利休で終つた。今では傳授と形式と行儀だけが、觀光的好奇心の對象として殘つてゐるにすぎない。

すでに芭蕉の思想に於ける利休の認め方は、茶道といつたおどかしの形式を全然顧慮してゐない。彼は利休に一貫するものを認めたのである。一貫するものとは、詩人の心の傳統だつた。

歌道の方の傳授は、もつと國の精神にとつて重大なことだつたので、いち早く國學の初期に彈正され、志と精神の原始が選り出されて傳へられたが、茶道の方では、今でもまだとりとめない傳授內容の一言一句にかゝづらつて、近代的語彙でそれを說明してゐるのである。

かういふふうに歷史といふものを強くとらへ得ない我が文化の狀態の中へ、ブルノー・タウトなどが現れ、遠州の思想を中心にして數寄屋的構想物を非常に高く評價した時、この淺薄な思想に、日本の文化人は一切に拜跪したのである。

タウトの如き思想からは、天心が利休の悲劇に見た如き悲劇の高度なものは理解されないのである。天心の見たその悲劇の高さといふものは、日本の歷史觀を明確にもたない限り把握できないものである。しかしこの日本の歷史觀の根柢とは何かと云へば、何らむづかしいものではない。宮廷の尊貴と文化をしたふ心を土臺にした、わが國の詩人の勤皇の心情である。

はかなき繪草子を見ても、其の撰者に一返の廻向あるべきものなり

松永貞徳

貞徳は長頭丸、延陀丸、逍遙軒、明心居士等と號し、又花咲翁と稱し、勅號を花の本といふ。幼より和歌を學び、連歌に長じてゐた。

こゝにひいた詞は彼の「戴恩記」に出てゐる。戴恩記は、師道を論じた書である。この本の跋文で、寸雲子昌易といふ人が、「聖人には必ず師あり、師は道を傳へ業を授け惑を解く、嗟乎《アヽ》師道の傳らざること久し」と云ひ「一巻の書も必ず之が師を立つ、嗚呼師なる哉、師なる哉」と云つてゐる。これは學問の上で大切な思想である。

師道と云へば儒教めくが、貞徳の説べたところは、わが國の古い傳授時代の師道で、さういふものの國ぶりを誌した最もなつかしい本である。

今日の學校教育では、師道といふものの根柢が稀薄である。これは稀薄になるだけの理由がある。師匠の説を口傳してゐた傳授時代の師道のなつかしさを、そのまゝ今日に求めることも出來ないし、さらに聖人が古典に描いてゐる師弟道を、そのまゝにあてはめ得な

いところは現實にある。けだし師道の傳らなくなつてまことに久しいものがある。今日では學校の制度があまり完備したから、師道といつた古の美風は成立の餘地がないのである。今日では貞徳が戴恩記に描いたやうな心情は、文學世界にでも殘す以外には他に殘る場所がないと思はれる。貞徳も亦文人の世界の人だつたのである。文學といふものは、つねに最も新しい創造の先驅であると共に、最も古い傳統の美風を殘すところである。この戴恩記には、主として貞徳が教へを乞うた當代の文人名家の逸話や思ひ出が誌されてゐる。深い感謝と尊敬から描かれてゐるので、描いた人の心もちはなつかしく、描かれた人物は生々と現れてゐる。

これを讀めば、わが國の傳授時代の心持が、決して棄て去るべきものでないといふことがわかる。この傳授といふのは、内容にはつまらぬ點もあるが、これを傳へた形式は大へんよいものである。系圖をたてて、祕儀を口から口へ傳へるといふことは、一つの歴史の思想である。さういふことに對する心持の美しさがこゝにはよく示されてゐる。

芳賀檀の飜譯した「指導と信徒」といふドイツの作家カロッサの本があるが、これはカロッサが、先輩師友の思ひ出などを描いてゐる。戴恩記もさういふ本だが、日本人の心持のなつかしさが非常によく出てゐる。

戴恩記には九條玖山、細川幽齋、中院入道、紹巴など、當時一流の文學者で又名士だつた人のことが崇敬と親愛をこめて、刻明にうつされてゐる。又安土桃山時代にかけての時代の見聞をしるした一記録として、興味ふかいものであるが、文學作品としてもよいものである。そのなつかしい心持がよい。しかし批評にはなか〳〵激しいところがある。そのことは貞徳はものしづかな人だが、しかし批評にはなか〳〵激しいところがある。そのことはこの本を見てもよくわかる。又この本からわが國の文學の考へ方といふものがわかる。貞徳の時代はそれを明らかにする必要のある時代だつた。貞徳はそれを「師の道」と云つてゐるが、これは相傳繼承の歴史觀である。相傳繼承を正しくすれば、自からに新しいものが生れるのである。

傳授といふ思想は、大本に於てものを傳へて失はないといふ思想だつたのである。これは亂世の文人のもつた、歴史の精神を維持してゆく上での、本能的な叡知だつた。こゝに傳統があり、わが歴史觀の根柢もある。その傳へたものは何かといふことは明らかである。つまり我國の古の道と教へを傳へるものだつた。

この戴恩記には、秀吉の口から出た話として、秀吉の皇胤の説が誌されてゐて、それでこの本は有名になつてゐる。わが國の文學では神の如き英雄や權威者を皇胤とする説が多い。「大鏡」は藤原不比等が皇胤だつたことを、道長の榮花を敍したあとに誌し、「平家物語」では平忠盛の皇胤の説を云うて、平氏の榮華の原因としてゐる。これはすべて偉大なものは天皇に最も近いものだと考へる民族の感覺の現れである。

その他の點では、當時の公卿の生活や信長入洛時の京都の恐怖などが、丁寧でやさしい筆でよく描かれてゐる。又このごろの文人の生き方や暮し方もよく描かれてゐる。

所謂古今傳授などといふ歌學傳承を、そのころのどういふものとして考へたかといふ心持を知る上で、最も大切な本である。文人が文雅の道を傳へるといふことは、武家時代にわが國の歴史を維持した一つの精神の現れだつたのである。さういふ事實を通して、古の文人がどんなになつかしい心の喜びを生きてきたかを知ることは、今日に於てもなか〱大切なことである。

傳授の內容はたとへつまらなくとも、その傳へた文人の心情は、極めて大切なものだつたことはこの本をみればよくわかる。國學者が傳授を排斥したのは、その內容の荒唐無稽を排し、又その相傳の惡弊を見たからで、この惡弊は世が太平となつてからさかんとなつたものである。しかし國學者はこの事實の中から、相傳傳承のなつかしさを選りだして大切にしたことは彼らの言行を見れば明らかである。

貞德ははかない繪册子を見ても、それを描いた作者の志を思つて廻向すると云つたほどの人だが、この心持は圖書館の藏書を見て虛名の殘骸を味ふと云つた毛唐の發想と全然異るのである。これは本や著述に對する志が違ふからである。戴恩記に描かれてゐる文學觀にも今日でもなほ見るべきものが少くない。

人の一生は重荷を負うて遠き道を行く如し、いそぐべからず

徳川家康

この家康の遺訓は、家康の人がらや經歴をよく示してゐる、さうして誰にも思ひ起される感慨をもつてゐる。私も亦、この感慨にうたれることが時々あるから、こゝにあげた。必ずしも老年の感慨とのみは云へない。むしろ而立の以前に於ても、それ相當の感慨の吐け口となるやうなことばである。

家康はわが國民に好まれない英雄である。家康の大きい仕事を十分に認めた上で、なほ尊敬しても愛されぬ人物の一人である。さうしてこのやうな人を秀れた人として云ふことは、もう限りなく試みられてゐる。しかし彼を愛さない國民性にはなほ十分に創造力の根柢となるものがあるといふことを、我々は今日は考へたいと思ふ。

それを無智な感情だといふやうな議論は何ほどのこともない。さういふ言論が、創造力の根柢とならないことは、歴史の上で明らかである。

文學者といふものは、かういふ民衆の意識と、つねに近接した危險な場所で、民衆の民

族意識とその機能をうちたてる仕事をするものである。家康のえらさを理解し得ない民衆を蔑むだけなら、ことは簡單だが、さうした智的壓制によつてひき出される文化指導では現代への何の寄與ともならぬのである。

しかし家康が嫌惡される絶對的な理由は、かなり多い。しかもそれらは我々として辯解の餘地のないところである。最も重いことを云へば、德川幕府の朝廷に對してなしてきたところは、どの幕府よりよくなかつた。又德川幕府の內政は苛酷だつたが、外に對して國の道義を正しくしたことは一度もなかつた。三代將軍の對外强硬論にしても、これは信じ難いやうな結果しか殘つてゐない。さうして德川幕府は豐臣氏を虐殺したばかりでなく、海外に出てゐた我々の民族の夥しい先驅者を、異民族の虐殺するまゝに、孤立無援に放棄したのである。

今日新しく皇化に浴する南方の地に、邦人の遠い先人の墳墓を見ることは、我々のよく聞くところであり、軍旅の人々をなつかしがらせてゐるところだが、彼らが民族の傳承さへ失つた狀態で異土に歿したことは、痛恨に耐へないのである。我々は今日同じ血の交つてゐる日本人の子孫を、あるひは異民族として扱はねばならぬかも知れないと思ふやうな、虐い結果は、みな德川幕府のしたことであつた。

一政權の消極的保身策のために、かくも多數の同胞が異土に放棄されたといふ例を、我々は他に知らないところである。彼らは異土に死し、その子孫は民族の歷史を失つたのである。これ以上の爲政者の罪惡はない。これは人間に對する罪でなく、神に對する罪である。

無實の罪を法廷が知りつゝ、斷罪にすることにも勝るものであつた。私は南方にある古人の墳墓の遺址をきく度に彼らをなつかしみつゝ、痛憤に耐へないのである。さうして彼らの滿眼の悲涙を拭ふに足る今日を生きることに、大御世の生甲斐を味ふのである。我々は彼らをなつかしむと共に、その悲痛の遺志を繼承せねばならない。彼らは、我國の神國自覺期の民族的感覺から、封建の勢力にさからひ、南の大洋に船出した人々であつた。この自覺期といふのは、室町時代の民衆文藝にあらはれた自覺時代を云ふのである。

家康は偉大な行政家だつたが、彼の影のくらい理由は、我々の民族と歴史の點から云うて、無數にある。たま〳〵その一事をこゝに云うたのである。

この遺訓は日光東照宮で刷物にして賣つてゐる。それには慶長九年正月といふ年號が入つてゐる。全文は人の一生は云々の次に左の如く出てゐる。

不自由を常と思へば不足なし、心に望み起らば困窮したる時を思ひ出すべし、堪忍は無事長久の基、怒りは敵と思へ、勝つ事ばかり知つて、まくる事を知らざれば、害その身にいたる、おのれを責めて人をせむるな、及ばざるは過ぎたるよりまされり。

これは全部が消極的な教訓である。しかし恐るべき強さがある。この性格は國民性の好みに合はないが、かういふ性格によつて、わが國民性が三百年近く壓迫させられ、致死に到らうとしてゐたことは、今日はさらに大きい國際の規模で考へたいと思ふ。

嗚呼忠臣楠子之墓

水戸光圀

萬巻の著述、擧國の大軍も、わが國の歴史観から云へば、この一言の力に及ばないのである。この一言ほどにかつて歴史を動かした言葉はなかつた。鋭利無比の劍の如く、强猛無雙の兵の如く、しかもこの一句のもつ詩美に及ぶものは世にない。

まさに詩の極致、文の極致である。この一句あらはれて、民族の歴史の精神は、無限大に振動したのである。

私は光圀の思想や、水戸の學問に、なほ理解しがたいゆゑか、今では本質上で批判的なものをもつてゐる。しかし光圀のこの一句のもつ偉大な詩の精神については、百度も拜跪したい思ひがする。

正しく楠公は擧國數百萬の大軍を、一山城に支へた。楠公は史上に著名な弱兵を率ゐて、しかもその兵の强猛は、東西史上に例を見ぬところであつた。その强猛は何によるか。錦城師團管下の先祖が今日より强猛であつたとは、楠公自身も認めてゐない。彼らはたゞ盡忠の大義を知り、さういふものを文化として持してゐたのである。十八歳の山陽が、寛政九年江戸遊學の途上湊川の墓に展し、「關西自有二男子在二」と詠じた時、必ず光圀のこの碑の文字に拜跪したことを思ふ。

この八文字が、千古の詩として、わが民族の生々發展の原動力となるといふところに、我民族の歴史がある。それは過去の史蹟ではない。今日のいのちの原理であり、明日に變りない原理である。卽ちかういふ意味を支へるものは、我國に於ては、血であり土である上に、歴史の思想がある。この歴史の思想とは、萬世一系に神裔を傳へ、御歴代寶祚をつぎ給ふ御事實である。

我々はこの歴史を説明するために、どのやうな原理を要請する必要もないのである。「大日本は神國也」は、説明されることでない。この論理を信じない時、我々は自身の破滅を知るのみである。さうして親房のこの一句に對應するものが、「嗚呼忠臣楠子之墓」の八文字である。大きくは歴史、小さくは我がいのち、すべてがこの八文字にをさめられる。この語を心にをさめて、幾百萬の民族が盡忠の悲願に倒れたか、幾千萬の國民が、わがいのちの源を思ひいだいたゞらうか。

光圀は、近世のわが歴史觀を正した點で、その功に於て他に及ぶ者がない。彼の歴史觀上の功は、古くは壬申の亂の名分を正し、近くは吉野方を正統として、智識を正したのであつた。

彼は文章の任が、大諸侯の使命と比較し難い重責であることを、自身のもつ地位によつて明らかに知つた。彼は文學とは國の大義をたてる大業であり、つねに、神明の心によつて描くところに、我國の文章のある理を了知した人である。

彼が「嗚呼忠臣楠子」と稱したことは、史家としての歴史觀を、萬代ののちにまで畏怖しつゝ問ひ、世にあつては將軍につぐ地位の重責をかけて明らかにしたのである。光圀は政治上の偉人と稱されるが、かくも明白な記念碑を思想上に立てうる政治家は、文明開化主義と民衆主義の勃興以後あとを斷つたのである。かゝる光圀の態度に反對のものを以て、今日は政治的と考へてゐる。

光圀がこの碑を立てるについては、恐らく時の幕府に對する考慮とか、世俗に對する思案などはものの數とも云へないやうな、畏怖の心で文學を考へつゞけたことゝ思ふ。

今日一般思想が、表面は一定化されつゝ、うちに於てなほいぶりつゞけてゐることは、すべて歴史觀の曖昧さにその原因がある。何故に歴史觀が曖昧であるかは、「嗚呼忠臣楠子之墓」の思想の發生するところで、歴史觀を明らかにしないからである。

楠公時代の歴史上の事實の名分を正すことは、わが歴史觀確立の一大眼目である。それゆゑこの問題をいたづらに怖れてはならぬのである。史家が、この時代をとつて歴史觀を云ふとき、彼の歴史觀は分明に白日の下に眺められるものである。

我々が、今日は思想戰の時代であるといふことを、國内のこととして怖れずに云ひうるやうに、歴史上の事實に於て、わが國史には一點の疑惑も恐怖もないことを云ふ。それを怖れてゐる者の早く反省することを希望したい。

ある歴史上の事件を、國史の疑惑の如くに考へ、それをかくすことが無難と思ふことは、そのことによつて曖昧な歴史観をはびこらせる原因となる。かうした事實の上に今日明らかな形で、曖昧な史観が横行することを私は憂慮するものである。くりかへし云ふが、我が國史には一點の疑惑も恐怖もないのである。それを恐怖とし疑惑と見るのは、見る者の未熟さによる。さうしてさういふ人々が歴史にある煙幕をはることによつて、曖昧な史観の跳躍を許す結果となることを、私は今日すでにながめて、憂慮に耐へないのである。

夏爐冬扇

芭蕉

芭蕉は、自分の風流は、夏の爐冬の扇のやうなもので、人にさからつて用ひることがないと云うてゐる。

芭蕉といふ人の作品語錄は澤山にあつて、達人の言に滿ちてゐるから、かういふ概括的な語錄に一つを選ぶことは難しい。

彼の俳句の中には、教訓的な道話的なものが多い上に、後人の附會が多いが、彼はさういふ句で人生の感動を歌つてゐるのである。しかし後人は彼の一擧一動を傳說化した。つまり彼を民族詩人としようとする作用が、附會傳說としてあらはれたのである。

彼は普通の文人のするやうに、青年時代からまづ文學を學び文學者とならうとした。さうしてゐるうちに、彼は眞面目に文學を學ぶ者が必ず知るところの、歷史と傳統を徐々に知つて行つた。

彼は後鳥羽院以後隱遁詩人たちの生き方を了知し、その文學觀から周圍を見たとき、自分が、もうさういふ傳統をうけ傳へる最後の唯一人の詩人だと痛感したのである。彼は何百年の間の詩人が、生き方として傳へてきたものの最期を思つた。さうして何百年の間の詩人の傳へた悲願を、已の一身で慟哭した。彼はいつもさういふ絶對的な心境で生きてゐたから、道のべの瑣事にふれても、生き方や歴史の原理から慟哭し感動した。

この點を、近代の文藝思想から考へる時、彼は、誇張者だとか、山師だとか、云はれた。又彼の作品は大仰すぎるとか、教訓句にすぎないものが多いと云はれた。しかしこれは芭蕉の生きた心ざしを思はぬ者の淺薄の見解である。

子規が芭蕉を輕んじたのは、彼がわが國文人の悲願としての「わび」「さび」の傳統觀に通じなかつたからである。彼はさういふ點で歴史を深く考へなかつた。又漱石の門下である東北大學の教授たちが、芭蕉の初期の作品を無視したことも、やはり芭蕉の發心を歴史的に考へ得ずに、手輕に西歐美學で芭蕉作品の理論的説明をしたからである。

これらはみな、芭蕉がどういふ歴史の考へ方をもつて、どういふ傳統の生き方をしたかといふことについて考へるところが淺かつたのである。一箇の作品や作家の中に、自分に好都合な理論の材料をさがすといふやうな關心を棄てて、まづその作品の傳統と歴史を考へるやうにするのが、古い正しい本のよみ方である。さういふ關心は、表現や形容のはしはしに現れるものである。

しかしかういふ意味では、さすがに上田秋成のやうな稀有の批評的感覺の持主は、芭蕉の思想と發想を歴史の理論から分析したのであつた。

芭蕉をかういふ形の傳統の人と云へば、あるひは彼を保守偏狹の人と考へるものがあらうかと思ふ。たしかに彼は保守偏狹の人だつたが、我國に於ては、かういふ保守傳統に徹した人から、萬代の新しさを藏した變革的新風が生み出されるのである。

さうして芭蕉の詩人としての思想は、彼が西鶴は卑しいと云つた時に最も明白に現れてゐる。西鶴が描いた世界や、また彼自身がその中に生きてゐた市民世界は、近松の描いた市民の精神とは全然別だつた。さうして芭蕉が西鶴を卑しいと云うた意味は、西鶴の世界觀や歴史觀や詩人觀の根柢にわたつたことである。それは芭蕉が武士の意識から、西鶴を批評したのでなかつた。芭蕉は單なる武士といふやうな淺薄な對立見地から、西鶴の町人氣質を排斥したのではない。彼が西鶴を排斥した根據は、後鳥羽院以後の隱遁詩人たちの代々の悲願に彩られた傳統からであつた。この傳統の根柢は、武家霸道を否定する思想の消極的な生き方であつた。

もし芭蕉の否定が、武士といふだけの根據からなら、彼があの慟哭と感動に住んだといふことはあり得なかつた。明治の初年までの人々が、何といふこともなく、芭蕉は勤皇の詩人でなからうかと考へたことは、實に立派な傳統の感覺である。しかしこの勤皇の詩人といふ心持は、水戸學や垂加神道系の志士思想と異り、情勢理論から入つた勤皇論でなく、古の宮廷の文化を尊び、それを守り傳へる悲願を生命の原理としつゝ、宮廷に歸依する心を詩の原理と考へた傳統の詩人觀だつた。情勢に立脚する革新的報國文學も結構であるが、私がつねに心から期待してゐる文人とは、この歸依の詩美に生き、「古をしたうて今を戀ふ」やうな文人の旺んに出ることである。さうして文學者としては、かういふ人にしか期待できないのである。この「古をしたうて」云々の語は、紀貫之の語であるが、既に云つた如く、この志をこめて彼は古今集を選び、傳へた。

後鳥羽院の新古今集の序は、御宸筆と云ふべき御文章だが、この古と今の志をつぐ上に、新とつけられ、末尾に於ては明白に祈願の祝詞となつて、わがしきしまのみちの傳統のさかんな發展を神に祈られてゐる。

狂言浄瑠璃は善悪人《ヨシアシ》の鏡になる

近松門左衛門

近松が自作の中で、自分の文學や文學觀についての註釋や理論を述べてゐるところは、たゞ「生玉心中」の中に、命の綱の十六兩を長作に騙られた嘉平治の言葉として、この一句がみられるのみである。近松ほどの近世の大作家にして、自作の主義目的を全然云はなかつた文學者は世界にない。

これを、シエクスピアやゲーテに比してみてもよい。シエクスピアの「ハムレツト」やゲーテの「フアウスト」にしても、各々自作の目的や思想を、わづらはしいほどに作中で自ら註してゐる。かういふ點では、近松ほどにえらい近世の文人はなかつた。

このことから、近松はあくまで文學の人にして、理論家でないなどといふのは、大へんな間違ひである。近世の日本思想の本流は、近松や芭蕉を見なければ、全然理解できないものであるといふことを、私は今日大いに云ひたい。

しかしどういふわけで理解できないかといふことを、說明することは、こゝに日本精神觀の眞僞のわかれるところである。この本の中では、さきに源氏物語の解釋についての、情勢論的な變化について少し云うたが、近松の作品の中にどういふ形で日本主義の理論が描かれてゐるかといふ考へ方から、このことを考へるのは淺薄であり、又間違ひである。我々は日本の歴史をみて、近松といふ文學者の偉大さを考へるとよいのである。近松ほどに、日本の古典の精神や、古代人の性格を、男女併せてよく描いた人物は他にない。彼の最も傑作といふべき世話物の世界に出てくる女性は、日本の古典の時代の女性の性格そのまゝに描かれてゐる。

彼が消極的なものとして戀愛を描いたことはこれは止むを得ない。さういふ精神が消極的な表現しかとり得なかつた時代だつたのである。そして理窟だけを作中にさがし求めてよむ人は、近松の世話物の中に、「ハムレット」のやうな思想がないなどと云ふだらうが、さういふよみ方は低級なよみ方である。

一般に子供や少年の時代には、何でも他人のものを欲しがるもので、これは一つの時代の少年期にも當る。日清日露戰爭時代から、やうやく圓熟してきた今日では、他人のものをさしてほしがらない有樣になつた。これは文化の一つの進歩である。しかもこの進歩は明らかに古にかへるといふ形をとるのである。

かういふ風潮の中で、近松などは第一に同想さるべき日本の最大作家である。彼の作品の特長は、構想の雄大さに於て、一箇の宇宙を内にもつた作家であつたことである。かういふ作家の宇宙が我國では何によつて支へられてゐるかといふことを考へるとよい。それを支へてゐるのが、彼の場合にはわが國の歴史觀である。

そのために近松は原理を要請して、自己の世界觀を權威づける必要がなかつた。彼の作品はこの自のうちにある民族と歴史との、絢爛な一大曼陀羅であつた。

こゝにあげた彼が作中でもらしたたゞ一行の理論も、殆ど、何といふこともなく描かれてゐるにすぎない。この思想は、おのづからを描くといふ思想である。卽ち人の鏡となるものだといふことは、非常に明確な思想であるが、この思想はおのづからにものの生れるといふ、一箇の創造者の信仰を根柢にする。さうして近松の信仰したものを作中によつて仔細にみれば、それは我國の古のみちである。

しかし今日の近松の囘想は、まづ彼の世界觀のあらはれや、南方經營の脚色の方から始められると思ふ。「博多小女郎浪枕」などは、さういふ南方發展を背景とした作品の傑作であるが、近松が南方を歌つてゐるから、彼は先驅者だといふやうな議論は困るのである。彼の偉大さは、もつと偉大な思想を生きた文人の眼で、森羅萬象を寫したことである。

近松の當時わが南方發展は、德川幕府の壓制の中で辛く行はれてゐたが、近松の文藝は、堺や大阪に形成された民族意欲の最後の表現であつた。この民族の意志は、足利幕府末期に安土桃山時代を現出した民族の生命力の根柢であつた。さういふ民族の生命力は、堺を中心とする市民文化となつたのである。これらの歴史と民族の勢力が個性に現れた象徵が秀吉であつた。

このことを唯物史觀で解釋して、信長や秀吉の背景は、新興の市民階級だつたといふのは、わが國の歴史の見方から云うて間違つてゐる。比較的正しいやうで間違つてゐる。文化の方では、反武家的な精神は、足利末期に二派に分れた。まづ歌道俳諧茶道の方が二分し、一方はいよ〳〵侘びの方へ入り、他方ははつきりと市民勢力の文化的組織者として活躍した。そのまゝに歌道俳諧が、武家の文化組織者として、外交上の行儀指南者となつた時に、さらに深く山野に遁走して侘茶を行つた人々があつたが、彼らの心ざしを結果的にすつかり殺したのが利休だつた。恐らくそれを自ら知つた利巧な利休は、己のうける悲劇を安らかに眺めたことと思はれる。

しかし近松は元祿に生きてゐた人だから、堺の運命をよく見定めた。彼は十分に自覺して最後の人となつたのである。わが市民文化の本尊は元來が宮方にあつた。海外發展を行つた關西の精神を理解せぬとき、近松の偉大さは抽象的になるのである。大阪陣に於ける堺市の態度を、「西教史」は、二頭の馬に片足づつをかけて自身をさいたと批評してゐるが、適評のやうである。

この足利時代から豐太閤に到る、海外發展の思想の最大の集約文化が、近松であつた。彼の作品をみると、さういふ民族發展の時代思想が、すべてわが國風ぶりであることが知られてありがたいのである。

近松の硯として近松半二が傳へたものの裏に「事は凡そ近きにとり、意は勸懲にあり」と書いてゐた。この勸善懲惡の意は、さきの「善惡人の鏡となる」といふ説とやゝ矛盾するが、近松の眞意がどこにあつたかといふことは、その作をみれば明らかである。

また「難波土產」の云ふ「虛實皮膜の間」といふ藝術論は、近松の平常の心がけと云はれてゐる。これは近代のあらゆる偉大な詩人の思想と同一である。この意味は、文藝は虚《ウソ》を描くものでもなく、また現實のまゝを描くのでもない、その皮膜の分ちがたい境に眞實を描き出すものだといふ說である。これは有名な語である。

近松の作品では世話物を高しとし、時代物を下とするが、時代物に現れた彼の史的關心は、大方傳統的であつて、しかも偉大な獨創がある。俄かにその上下を云ふ必要はないのである。

なほ近松の濃艷な傑作には頽齡に及んで描かれたものが多い。蕪村のあの傑れた抒情詩も六十歲前後より作られたものである。この近松の晚年を、ゲーテやシエクスピアに比すなら、後者はつひに近松の粘着力に及ばないのである。晚年の詩作の美しさ深さに於ては誰も近松の比でなかつた。こゝにも近松の偉大さがある。

由來我民族を早老性の人種の如く云ふものが多いが、これは民族の偉大な人々を見ずして、卑近な自己の水平線で議論をなす者の說である。かゝる傾向を將來日本人はすてねばならない。

歌はたとひ悪しき邪なる願事《ネギゴト》を言へど、中々
心亂れぬものにて、和らいでよろづにわたる
ものなり

加茂眞淵

江戸時代に於て、眞に獨自の見地から、日本思想の本質にふれた者は、儒教系の改革派でなく、室町時代からの神道系の思想家でもなく、わが國學者であつた。この點に關しての理論的自覺に於ては、今日の一般思想界にまだ暗雲一掃されないものがあるが、すでにこれは明治御一新直後より混濁してゐたものであつた。

國學者の思想が古の道の復興を云うた時には、彼らの方法として、日本の事物の考證から入り、註釋といふ學問によつて、獨得な日本を闡明にしたのである。

しかもこの註釋といふ形に現れた思想は、殆ど何の反省もなく、日本の道を明らかにする方法を、彼らが自得したことを示してゐる。國學者以前の註釋では、異國の學問によつて、日本を說明するといふことに重點を置いたが、それらはすべて附會の說に陥り、自國の自然《オノヅカラ》を異國思想に奉仕せしめたのである。國學者が自得した方法では、註釋とは歴史の精神を明らかにすることであつた。卽ちこゝに於て一切の牽强附會の說を漢意《カラゴコロ》として一掃

したのである。

國學者の思想は、わが中古以後の武家擅權時代を通じて増大してきた、民族の宮廷歸依の志を純化し體系化したものである。古代の思想は、國學者の出現によつて日本の獨自の哲學となつたのである。

一頃日本哲學と稱するものを盟邦諸國に紹介することが流行したが、何故その時日本人の眞の哲學を紹介することをせず、盟邦より學んだ飜案的解釋家の應用習作ばかりを紹介したのであらうか。我々が盟邦から學びたいのは、盟邦の眞の獨自思想であつて、日本思想の飜案でもなく、所謂親日思想などではない。

ところで國學を哲學とした點での第一の手柄は眞淵に歸せられた。宣長の出現を考へるだけでも眞淵の功は大であつた。宣長が、國學が生れ出たのは、すべて眞淵の高恩であると、感動してゐることは、「玉勝間」その他にしば〳〵出てゐる。

眞淵の頃の一般思想界では、すでに佛を棄てて儒を尊んでゐたころである。何故佛をすてて儒をとつたか、そこには何ら原理の大問題はない。たゞ時代と政治から情勢論的に佛を棄てて、儒に入つた頃であつた。荻生徂徠が、孔子の贊に「日本國夷人物茂卿」と書いて、末代までの憫笑を買つたが、この者の弟子太宰春臺が「辨道書」を書いてわが神道を罵つた。これが國學者を憤激させ、眞淵の名著「國意考」も、ある部分ではこの春臺の思想を破邪するために書かれたやうに見える。

春臺は辨道書の中で、日本には元來道といふものはなく、その證據には仁義禮樂孝悌の字に和訓がないといふやうな論をなした。かうした論法から進んで神道を罵つた。當時支那思想によつて、わが神道を解釋した俗神道の徒には、わが神道をかの國の流儀に牽强附會した者が多かつた。これはわが國のみちを殺すことであつた。

眞淵はこの春臺の說を嗤つて、道といふものと、支那風の學問の云ふ道德とに別あることを教へた。彼らが道德を說きたてて人の教へをさかんに口にするのは、道の本がなくなつたからであると說いてゐる。

これはまことにもつともなことであつて、我々が今日の道德的訓辭の百を聞くよりも、さういふことを一言半句を云うてゐない古事記、萬葉集をよむ時に、眞の國民のみちの生々とわがうちに現れ一貫するもののあることを味ふのは、萬人の經驗するところである。これは我々が古の道を心のうちにもつからである。

宣長や眞淵の學說は、神道の教へであるが、私はむしろ古典論として考へたい。それらは教團宗教的な問ひ方や發想からひらかれた神道の說ではないのである。所謂國學の復古神道は、舊時代の神道や、現代の宗派神道と異り、その異りは、非常に異つてゐる。

眞淵や宣長の思想に對し、儒教や老莊の影響などを考へるものがあるが、かういふ考へ方は大體に考へ方がよくないのであつて、そこに共通するものがあるといふことは別に問題でない。このことについては、國學と老莊との問題で、篤胤が同時代の俗物學者に注意を與へてゐる。

宣長も「葛花」の中で「異國を退けず」との論をなし、世の中の理に合つたことなら、

「つくりごとでも、又異國の説でも退けない、自分の退けて信じないのは、異國の書だからでなく、それが妄作で世の中のことに合しないものだからである」と云うてゐる。これが攘夷の精神である。國學の思想的攘夷の精神は、霸道を攘つものであり、封建的な思想上の鎖國論でない。又霸道のうち方に於ては、漢意を排して古の道をたてたのである。人の考へ方には影響をさぐるだけでは仕方ないものがある。眞淵なども、論を云ふ時は佛をむしろ容れて、儒を努めて排し、それは今日に當る警世の論であるが、その佛の容れ方について問はれた時は、その答へ方と説明に當つて、同時代の武家的感覺がかなり多く入つてゐる。

さて初めにあげた眞淵の語は「國意考」に出てゐるが、これほどの確信的な又含蓄の深い文藝論は、當時のどこの國にもなかつたものである。しかしこの思想はわが神詠の思想を根柢として出たものである。實に素直のゆゑに確信に滿ちた雄渾の思想である。眞淵は自然《オノヅカラ》を尊んだから「ものになづむな」と教へてゐる。眞淵は丈夫ぶりの萬葉調を好み、實朝の歌の同情者だが、こゝにあげた歌の思想から、彼も亦國風の詩の心を大樣に解した國學者なることを知るのである。

眞淵や宣長の思想だつた國學の考へ方は、非常に深いもので、彼らがつねに云うた漢意《カラゴコロ》の排斥といふことは、今日では特に注目する必要があるが、その點については、我々の近代の文明開化の思想は、殆ど理解し得なかつた。しかしこれからの時代は、それらを大本の思想として律してゆくやうになると思はれる。

世間には、國學の眞淵、宣長、篤胤らの考へ方に、德川幕府に對する否定意識が低かつたと批難する者が多いが、これは思想に對する見解の淺さを示すもので、國學は勤皇の志の方から學問を始めて攘夷討幕の論理を立てたものである。儒教系の大義名分論から霸道の否定、卽ち討幕とのびていつた考へ方とは多少異り、この異りが、今日でも思想上の現實問題となつてゐるのである。

宣長は、わが天皇はわけて尊い神にましまし、みだりに異國の王に書を賜ふさへ畏多いことゆゑ、さうした仲介者として征夷大將軍が必要であると云うてゐる。

しきしまの大和ごころを人問はば
朝日に匂ふ山櫻花

本居宣長

この歌は宣長の名歌として著名であるのみでなく、わが歌史を通じての名歌であり、わが國民性を端的に示す歌として、古くより萬人に愛誦されてきた。今日の歌人は、一般がアララギ派の影響をうけてゐるので、かういふ名歌の眞義を理解せず、不當にもこの作を子規の寫生歌に竝べて彼よりも低く批評してゐる。

歌といふものが、歌人の玩弄物ならともかく、わが國の詩歌は、男子が四方の志をのべひらいたものである。宣長の歌では、「玉鉾《タマボコ》百首」が、近世歌史上に傑出した歌集である。しかし宣長は、神詠といふ文藝思想を最もよく窮めたばかりでなく、自身が古代の人である如き存在を示した大思想家であり、また大文學者であつたから、彼の文藝は、すべて人爲の獨創を解消した境地で、他にない獨自な文藝を描いてゐる。

彼が晩年就寝のまへに一首づゝ作り、つひに三百餘首を作りあげた櫻花の歌の如きは、近世の二つとない文藝であつた。この作品の個々に、獨自な異色がないなどと思ふのは、まだ深く宣長の大さに現れた文藝上の獨創觀に思ひ到らぬ人の見解である。

宣長の「古事記傳」は、人間の學問の及ぶ限りを盡した如き大作で、これに竝ぶものは、鹿持雅澄の「萬葉集古義」、飯田武鄕の「日本書紀通釋」等があるが、それらの中でも最も古く、又註釋考證といふことは、何であるかといふ精神と方法についても普くつくしてゐる。

かういふ尨大な大著をなした宣長は、生涯のうちで源氏物語の全講を四回行つてゐる。これは殆ど世の中にありうべきことでないのであつて、宣長はかういふことをした人であつた。

この宣長といふ人は、わが國の思想界の最大の人物であつた。絶後とは云はないが、空前の人物であつた。彼が師の眞淵と異つたところは、宣長が伊勢の人で、上方《カミガタ》の教養に親しんでゐたからである。上方の詩文上の教養といふのは、平安文學を通じて、宮廷に歸依する志を美しく描いてきた傳統の詩人の文化の心持をいふのである。

この宣長の出現によつて、國學といふ思想は、全國を風靡し、それは御一新の原動地盤となつた。この當時の我國思想界の狀態は、當時のドイツに於ける思想の狀態と一脈通じたものがある。

宣長が逝去したのは、享和元年秋で七十二歳だつた。この年は西暦千八百一年に當り、宣長が「古事記傳」を完成しつゝ、わが古の道によつて、民族更生の原理をたててゐた時代は、フランス革命の最高頂であつた。國學がわが民族の起死囘生の原理を、古の道の復興にみた如く、この頃のドイツの若者の民族主義は、ゲルマン神話の復活を夢みつゝ、そこに民族の回生を策した。

しかし宣長は神のみちの回復を、わが御歴代繼承の歴史と傳統によつて基礎づけたが、ドイツ人は、血と土に傳る回想の神話を觀念として描きつゝ、民族神を自我に要請した新しい國家主義文化體系を形成する以外の方法をもたなかつた。こゝに於て當時のドイツの思想の動向を最も鋭感に反映した詩人ヘルデルリーンの絶望の彷徨が現れた。

卽ちドイツの民族主義の原理と、わが國學は本質的に異つてゐたのである。しかしこの十九世紀初頭に、期せずして民族再興のために民族神話の復興を試みた二大民族が、今日では世界の道義の護持者となつてゐる事實を考へるべきである。

當時のフランスの文人の多くは、愛國心を失つてゐなかつたし、國家的でもあつた。彼らのうちさういふ善良な者らは、つねに情勢の動きに從つて、愛國の心から國家に報ずる道を考へたが、彼らは合理的に國家を見つゝ、つひに神を見ることを得ず、情勢のまゝに動いたにすぎなかつた。

宣長の思想的活躍時代は、西曆十八世紀末であり、今日の觀念論哲學の始祖たちと同一時代である。しかるに西洋の彼らが今日なほよく語られ、わが國人が殆ど宣長らの思想を古いものとして考へなかつたことは、實に奇妙の現象であり、これは我國の思想界に雄大な世界構想がなく、又思想の學び方が、なほ少兒期を出なかつたからである。

やうやく今日になつて、我國の思想の學び方も少兒期をやゝ脱した感がある。さうしてさういふ状態で始めて語られる我國の大思想は、すでに世界的構想の上に登場してゐるのである。

宣長の思想が今日語られるといふこと自體によつて、彼の思想は世界的に語られるのである。さうして我々は深くこの事情について悟るところなければならないであらう。

宣長の思想の偉大さは人爲を絶してゐる。今日我々の考へる思想は宣長以外にないのである。

草莽の臣、高山彦九郎

高山彦九郎

京都三條橋上より皇居をふし拜み、「草莽の臣高山正之」と唱へたこの傑人の志は、天下に志ある人士の生命の原理となる思想を、白日の如くに表現したといふことが、今日では一段と明白になつた。

わが國の臣の志を述べた思想として、又文學として、高山彦九郎のこの一句より深いものはないのである。彼が何を思ひ描いた末に草莽の臣と唱へて慟哭したか、この點を今日考へるがよい。

この瞬間に我が國民の草莽の志の中に、一本の筋金の如くに、神ながら、わが大君より傳る光は、貫流するのである。わが大君と、みたみわれらの中間には何ものもないといふ自覺、神ながら、わが心に鎭り坐すといふ自覺こそ、あらゆる創造と、その表現と、その激しい行爲の根源である。我々の生命の原理はこゝにあるのである。それは教へることも、説く必要もない、それをいのちの原理として生きるものが、わが古の道の教へのまゝに、君に仕へ國に報いうるのである。もしその契點を失つたとき、彼らは、わが自我を根柢とする時務の愛國論をたとへ説き得ても、それはいのちの原理を了知せぬゆゑに、すでに死した精神の言擧《コトアゲ》に他ならぬのである。

我々が「草莽」であるといふ深奥な思想の自覺を教へたのは、高山正之であつた。これほど偉大な思想の行爲は例のないことであつた。彼の志は、今日も生きてゐるのである。勤皇の思想と行爲の中で、最も明らかにそのまゝに生きてゐるものは、この純粋な高山彦九郎の精神である。

高山彦九郎の出現こそ、近世勤皇史の嚴密な意味では第一頁におくべきものであつた。今日も我々は高山彦九郎を思ふとき感動と嗚咽を思ふのである。彼の志と精神こそ、今日の我々の生命の原理である。

今から何年かまへに、私らが高山彦九郎を思つた日より、今日では彼はさらに切實となり、生きたものとなつた。「人は武士、氣概は高山彦九郎」といふ俗謠は、國民的な高山觀であらうが、我々は、歴史とは高山彦九郎であるといふことを云ふのである。こゝに歴史と云へば突然に聞えるが、歴史觀と云へば少し明らかになると思ふ。

我々は高山彦九郎を、あるひは本居宣長を、田沼政治より重大に見るところに歴史觀を考へてゐるのである。何故さういふ歴史觀を云ふかといへば、我々の今日の人間としての生命の原理と存續は、さういふ歴史觀を立てることによつて全うされるからである。

これからは次第に、高山彦九郎をこのやうに考へる人が増加すると思ふ。高山彦九郎はどういふことをしたから、このやうに重大な人であるといふことを、例へ過去の歴史の見方や史料の根據から云うても仕方ないのである。我々は高山彦九郎を近世史の中心とするやうな歴史觀を生命の原理として、今日から將來へ生きてゆく上での思想としてゐるのである。こゝでは我國の場合、これを「倫理」と見て、限界をつけて考へてはならぬ、といふことをくりかへし云ひたい。

彼の自身の表現はあまりに純粹であり、いはゞ詩であつた。さうして彼の思想教養も、太平記の逸話が傳へるやうに、遺文遺作よりみても、主として國文系の教養に深い人であつた。彼は中世以降の詩人が、「わび」「さび」の志で、古の宮廷をしたひつゝ放浪したのに似た旅をしたが、中古の人々の消極的な美の思想は、彼に於てはもつとはつきりした本質の純粹だけがとり出され、積極的に一つの大きい悲願となつてゐた。彼はそれによつて勤皇の實踐の第一人者だつた。

彼はその容貌風姿と大聲の印象的なことによつて人に知られてゐる。しかし勤皇志士中の第一流だつた眞木和泉守は高山彦九郎のことを歌つて右のやうな作をなしてゐる。

高山の大人《ウシ》なん人ぞ人なればよぢても見てんわれ何人ぞ

また西郷隆盛の詩にも、

精忠純孝群倫に冠し、豪傑の風姿畫圖に眞なり、
小盗膽驚く何ぞ怪むに足らんや、囘天業を創むるは是れ斯の人、

西郷、眞木の如き、國史第一流の人物が、かくの如くに崇拜してゐるのを以て、その人物を知るべきである。

筆人を刺す、また人に刺されれども、
相共に血を見ず

上田秋成

芭蕉歿後の文藝は、近代文學としての色彩が濃厚である。その時代の國ぶりを表現した上方《カミガタ》の文人の巨匠は、秋成と蕪村であつた。江戸の馬琴はやゝ異る大作家で、馬琴には蕪村や秋成に見る如き文化の緻密さがなかつた。

秋成は古學を學び、宣長と論爭したりしてゐる。彼らは上方市民の中から出たが、大體の氣質として、所謂市民的な勢力の反對者だつた。我國の上方風の市民氣質は、近代の概念で市民社會といふ時の、市民といふものとは本質的に異つたものがあつた。上方《カミガタ》文化に於ける唯美と「わやく」(一種の表現上の「頽廢」と云うてもよいが、やゝ異る概念である)が、つねに同一の母胎をもち、どれほど近しいものかといふことは、この間の事情を知り、秋成の文學を見ればわかる。

彼は希望として、文筆の上でお山の大將をきめたく、しかもさういふ已を笑はねばならなかつた。彼の正面を切つた文學は、日本の文學史上では、最も傑れた名文の一つである。

しかしその人物は小であつた。たゞつねに絶對的な傳統の信條を生きたために、後の自然主義作家の先蹤とはならなかつた。こゝに秋成の生命がある。

彼はさかんにすてばちな惡口も云うたが、あはれの深い美しい文學を描き、日本人の最も美しい氣質を正しく描いてゐる。本當の美しいものを見る眼をもつた人だつたのである。彼は芭蕉と異つた形で、最後の詩人の像を己に考へ、それを生きようとした、彼の皮肉で辛辣な言葉と、あの縹渺とした空前の美しさは、こゝから同時に生れた。

彼は學者としての見識をつねに持してゐたが、その學者としての見識と云ふものは、彼の學問的業蹟に於てよりも、物語に描かれた史觀によくあらはれてゐる。彼の描かうとした歴史の題材をよくみれば、このことは理解されるが、彼は今日の一般の歴史觀より、進んだ深い歴史觀をもつてゐたから、近ごろの文化史觀をもととしては、秋成のこの面の偉大さは理解されない。

彼は不遇の人であつた。しかしその詩文に於ては、不遇の影響をうけてゐない。彼の本質の美しさを時々歪めさせたものがあつたとすれば、この秋成のヒステリーの原因は他にあつた。

物語作者としては文學史上の高名を得てゐるが、その詩歌に於ても、作風に古代の大様さを藏しつゝ、文藝の機微を描き出し、近世の大家の一人であつた。しかし佐藤春夫は、秋成作品中から、「ますらを物語」を最も重んじてゐる。これは佐藤氏の眼光の傑れたところを示すものである。秋成は、かういふ貴重な志を描いた作家であつて、こゝへくれば江戸の馬琴の大文學に描かうとした道徳は、秋成の民族的感覺の深さにはるかに及ばないのである。しかしかういふ意味の思想の深さは、古典感覺を失つた異國人には、容易に理解されぬのである。

こゝにあげた秋成の語は、彼の「春雨物語」の中の「海賊」といふ作品の結句になつてゐる。このすてばちな文句は秋成のヒステリーな一面の性格を示してゐるが、彼の文人として懸命な生き方を思ふと、あはれの深いことばである。

しかしこれを以て文學の無力を云ふのではない。さきに云うた眞木和泉は、江戸春風館の劍客齋藤新太郎が久留米に來遊した時、共に會飮したが、「敢て小技の奇なるに驚かんや」と、その劍法を喝破して、男子の雄志を歌つてゐる。この眞木の精神は詩人の思想である。秋成の句も、文學の非力を云ふものでなく、彼自身のあはれを云うたのである。秋成は文學のことを云ふ時は、すべて己自身を規準にして云うた人である。この自信は、彼が歴史と傳統を己の中に捧持したところから生れた。だからこの句は、すべて己の文學のために云うてゐるのであつて、ユーゴーが云うたといふやうな、「劍がもし筆を殺さずば、筆をもつて劍を殺さん」といふ類の、情勢に對しての論でないのである。こゝのけぢめは深く考へるがよい。西洋の文學者の方が、意志の強さうなことを云ふなどと、つまらぬ外面的な斷定を、かういふところで輕率にしてはならないのである。

心あれや人の母たる汝らよかゝらむ事は
もののふのつね

吉田松陰

安政六年、松陰が江戸に送られる時、妹たちに残して、遺訓にかへた歌である。母となる女、わが日本の男子の母たる女の心得を教へたが、わが心持の思ひもふくめとゞめて、心のやさしいあはれな歌である。

君命をうけて生還期し難い旅に赴くことさへ、異常のことであるが、松陰の旅はさういふ壮途の門出でなかつた。身は罪人として囚人の扱ひをうけて遠くに送られるのである。心に金石を徹する忠義をいだきつゝ、世に賊として遇されるのである。

その門出に妹たちに教へ、心せよ、これこそもののふのつねのみちである。もののふの母となる汝等はつねにかうして吾子を送る日を心に期しておけと教へたのである。言外の痛切なひゞきが、千秋の後の人を泣かしめる一首である。

松陰はこの一期の時に、我が妹に母の心もちを教へたのである。わが民族の母たる者の心のもち方、生き方といふことを教へたのである。松陰の門出は囚人としての門出であつた。かくすればかくなるものと知りつゝも、止むにやまれぬ大和魂を生きぬいた思想家は、その妹たちに最もやさしい心遣ひを殘して死の旅立ちをしたのである。

さういふ異常さを、松陰は「もののふのつね」と歌つてゐるのである。武士《モノノフ》といふのは、封建の身分としての武士でない。このもののふは、萬葉集の大伴家持が、深い祈願をこめて初めて歌つたもののふの志である。しかし彼が、「心あれや」と歌ひ、あれやと歌つてゐるところが、詩人の如く、人の情を知りわけたなつかしい言葉遣ひである。かりそめによみすごせぬ言葉のあらはれである。

松陰は弱冠にして刑死した。しかし御一新の最大の勢力は、松陰の建設したものであつた。一文人の思想と教育が、御一新の基礎となり、今日の大東亞建設の淵源となつたのである。我國なる故に生れた大思想家であるが、東西古今に比類もない偉大であつた。彼の存在にひきくらべるとき、今日に於ては、世界の如何なる文化政治の運動も人物も、はるかに彼に及び難いことが、すでに實證されつゝある。けだし彼はわが歴史を了知し、その歴史を己の一身にうつした人に他ならなかつた。さうして彼の思想は、さういふことの故に永遠である。

松陰は大きい思想家であつたが、詩人の性の多い人だつたことは、この一首に於ても眺めうるのである。彼が渡米の決意敗れて囚れた日、英雄の心境を敍し、事志と違つた英雄の心事を語つた文章は、少年の日に一讀して以來私の心を去らないものであるが、その中に、「泣かんとすれば愚に近く、笑はんとすれば狂に類す」といふ句があつた。私にはこの句が忘れ難いのである。

松陰の思想家としての影響の偉大さは、空前のものである。彼がもし長州の人でなければといふ如き問ひ方は、問題の外である。我々は生れた時と所に於て、絶對の使命奉行を決行すればよいのである。我々が今日の日本人であるといふことは、假定でなく、絶對の生命の根據である。その事實だけが生命そのものである。我々はこの根據からものを考へ行へばよいのである。

松陰の思想の極致は、大日本が神國であるといふ自覺にたどりついたところにある。この原理を原理と信じたところにあつた。彼はいろ〳〵の情勢論から、國家存亡の危機を味つて、尊皇の大義を說くものを、本末の顚倒であるとして排し、尊皇のための攘夷のみが、眞に天朝を憂ひる者の心であることを承知した。こゝに討幕敢行の信念が生れたのである。公武合體論はこの神國原理によつて粉碎されたのである。

松陰の刑死した時、僅かに三十歲であつた。この事實によつて、すでに彼の存在は絶大な皇國志氣の振興に資するものである。一箇の思想が、國にとつて世界にとつて、如何に偉大な力をなすかは、この三十歲の青年の生涯と遺業より察するがよい。所謂安政大獄に命をおとした志士はみな青年であつた。この幕府の暴壓に憤激して翌萬延元年三月、櫻田門外の義擧が勃發したのである。

雄々しくも君に仕ふるもののふの
母てふものはあはれなりけり

村　蓮　壽　尼

蓮壽尼は、萬延元年櫻田門外に井伊直弼を討取つた薩摩の有村治左衛門及び雄助兄弟の母である。治左衛門はこの日直弼の首をあげ、直ちに切腹したが、雄助が四日市で捕へられ、薩摩に送られたのち三月二十四日自盡した。この雄助の死は、母蓮壽尼の訓戒によつた如くである。まことにすぐれた志士の母であつた。

この母は子の志を生かすために、死をすゝめたのであらう。母は子らの志を了知してゐたからである。さうして世をあげて子らの志が口舌によつて汚される日にも、母は子らの志に流れてゐる國がらの熱い思ひを我が心の中に守つてゐたのである。口舌が志士を汚す日に、その母はたゞ愛情に生きる心で、その日のうつしみを生きねばならぬのである。大義は愛情の中にあつた。この大義といふのは、儒意の多いことばだが、すでにわが國ではその内容も場所も別であつた。

この母はたゞ子等の志を信じる上で生きたのである。たゞ一つの君に仕へるみちを貫いた子らを信じること、卽ち國の道を信じることが母の生きる唯一のより所であつた。それは又母の愛情であつた。さういふよりどころから、母は子に自決をうながしたのであらう。自決をうながさねばならぬ世間事情があつたと思はれる。

さういふ心持から、この「母てふものはあはれなりけり」といふ歌が生れた。この歌は、他に比類ない歌である。この母は同時に二人の、人より傑れた男子の兄弟の子たちを失ひ、しかも一人は自らすゝめて死なしめた。それは運命に耐へたのでなく、志の悲願を貫いた、卽ちわが國ぶりの悲劇である。

この一首は悲痛な時代の母の歌の一つとして、よくわが國ぶりを歌つてゐる名歌である。君のために吾子をうしなつたといふ悲しみの歌ではない。子も母も、一途に盡忠の志の道を生きぬくための、慟哭をうたつてゐるのである。さきの松陰の歌とよみ合せるがよい。

今の大御代には、盡忠のみちにわが子を失つた母も多いが、大御代のありがたさに、萬人みなその盡忠を了知してゐる。しかし蓮壽尼の場合は、吾子と己の志は、疑はれる時の方が多かつたのである。さういふ中で、彼は吾子に死を命じ、自らはこの母の歌をなした。

他に例も少ない心うつ歌の一つである。古も今も又明日も、わが國の母はみな蓮壽尼の如くに生きるだらう。有名な田中河内介が、やはり著名の志士是枝柳右衛門と語つた時、河内介はこの母の話に感動し、青史に記して後世に傳ふべしと云つたさうである。

御一新前後には志士文人の詩歌も多く、中には女性の人も交り、あるひはその生涯の物語も、詩のやうに美しく、かなしくあはれでゐて、又花々しく雄々しいものが無數にあつた。しかし民族の母の心のすなほさを歌つた、この一首からうけた感動は限りなかつた。母の心とは、子の志を生かせ、そしてこの歌を歌ふ心である。今もすなほな母の愛情の深い心の中には、つねにこの民族の原理が藏されてゐるのである。

この歌は激しいさうしてやさしい歌である。この歌を歌ひうる人は、神のやうな母性だつたと思ふ。かういふ女性こそ民族の母といふべき存在である。治左衛門及び水戸藩士が井伊直弼を討つたことが、御一新完成上の第一歩となつたことは、すでに歴史を見るものの疑はぬところである。

作者は志士の母としての典型であるが、この作は又わが文學史上の母の歌の有數のものである。この心もちと志の美しさこそ、萬代に神國を支へる神國のみちの現れである。

今日では女性の弱い性やあはれをいふ文學の時代は既に終り、民族の母のあはれを強く描く時代である。御一新直前の女性の一典型として、わが國ぶりの婦人のしとやかなつよさを傳へた蓮壽尼の一首をこゝにあげた。

別のことながら、大西鄕はこの櫻田門の義擧を聞いた時、感極つて太刀を拔き、跣足のまゝ庭に飛び下り、老松の幹を斬りつけ、しかるのち土足を洗つて室に入り、祝盃をあげたと傳へられてゐる。

本是レ神州清潔ノ民

伴林光平

光平は「南山踏雲錄」の著者で、天誅組の同志である。河内國道明寺村の寺家の出であつた。佛道を學んで學識をとなへられたが、さとるところあつて還俗し、國學を學び、寺門を出て大和へ移つた時、「本是れ神州清潔の民、謬つて佛奴となり同塵を說く、いまにして佛を棄つとも佛恨むを休《ヤ》めよ、本是れ神州清潔の民」云々の述懷をなした。思ふに今も昔も、我が國人は、皆本は是れ神州清潔の民である。

國學は伴信友に學び、その系統のおほらかな風格をもつてゐる。その詩人的才幹に於ては、同時代の隨一たるのみでなく、本邦歌史上の屈指の名家であるが、未だ多く知られない。しかし「南山踏雲錄」の中の諸作の如き、みな一流の文藝である。

しかし伴林光平の歷史上の意味は、彼が思想としての國學の生き方を、明確に描いた點にある。しかもその描き方は、すべて全身全靈を以てなされ、その純粹高潔にして、しかも大樣の風懷をとゞめたところは、わが國の義士中でも比類少ない。

わが詩歌の性格を知り、思想としての國學の何なるかを知らうと欲する者は、必ず光平の生涯と業蹟に學ぶべきであるが、近代に於ては殆ど顧みられなかつた。光平は慷慨の人といふよりも、一見むしろ風雅の人であつた。その作品はわが歌史の直系を守つて、實に氣持のよい作品に優雅な美しさが描かれている。

さうした詩人であつた彼は、つねに大薙刀を愛好したやうな氣概ある大丈夫だつた。小說家の上司小劍は奈良の神官の出で、その父は光平の門下だつた。光平がこの人に與へた短册に

六田川渡り待つ間の手すさびに結びて放つ青柳の糸

といふ歌があり、これについて光平は、自分の歌の心は、この一首に盡きてゐると云うた由、上司氏はその父から聞いたと云うてゐる。この歌は色々に解釋できるがよい歌であり、光平といふ人の人がらをも現はしてゐると思はれる。內容をさま〴〵に考へる時には、その表現についても考へねばならぬといふことは、餘事ながら云うておきたい。

「南山踏雲錄」は天誅組史料として有名な本だが、さらに文學的作品としてもすぐれてゐる。彼の天誅組參加からその終末に到るまでの記錄だが、澤山の自作の和歌を入れて、その歌によつて、一層美しい文章となつてゐる。光平が吉野を逃れて上京を期し、その途中大和駒塚の我家に立ちもどつて吾子のさまを見ようとするところなど、ことにあはれである。

彼が天誅組に加つたのは五十一歳の時だつた。中山侍從の大和進發の報を門弟より傳へられた夜、直ちに我家に歸り例の大薙刀をひきかづき、生來の健脚にまかせて五條の陣に

加る。三十歳以下の青年の中に、老年の彼は異彩を放つただらうが、今から考へても、これを決行した彼は異常な人となりである。しかも當時の彼はすでに朝廷にもその名を知られたほどの學者であり、門下千人と號されてゐた。その彼が天誅組の記錄方に任じ、若年の幹部の下で、告諭羽檄の執筆に任じてゐたのである。

　くづをれてよしや死すとも御陵の小笹分けつゝ行かむとぞおもふ

この歌はその義擧の時の述志であるが、むかしの大伴氏の「大君のへにこそ死なめ」といふ志に通ずる作で、この心持の美しさは幕末勤皇歌中での筆頭である。この志の敬虔な歸依の心持は、古の萬葉人の志のさまを、近い世に見る思ひがする。勤皇の志をかういふ詩人の思ひからひらいた詩歌は、多くの志士の作中にも例なかつたと思ふ。

彼は文人としてはわが詩人の傳統を傳へ、その作歌論に於ても、第一に趣向、第二に言辭、第三に聲調と云うたと云はれる如く、傳統を旨としてゐた。かういふ人が、國學の思想と詩人の傳統を最も純粹に生きるために現はしたみちは、我國の思想を考へる上で重大なことである。

光平は佛家の出であつて、その方の學にも深く、又國學の大家だつたことはすでに云うたが、國學に於ける勤皇討幕の純粹な思想は、この人に於て描かれ、それはさういふ形の上での最高純粹なものである。國學に於ける思想上の攘夷論は、文化上の思想戰といふべきであつたが、それが最も純粹な形の討幕論となる契點は、光平の文學と行動から見るべきである。のみならず彼は詩人としては所謂萬葉調の人でなく、さういふ理窟から歌ふ代りに、志と美から歌つた人であつた。その作品は近世を通じて、日本のもつ最も傑れた、又最も美しい歌集として、光平の詩人的風貌を示してゐる。

光平は國學者としては掉尾の第一人者であるが、國學の系統の中では、傳統詩人のもつた宮廷歸依の志から學問を思つた側の、上方《カミガタ》風の詩人的思想家だつた。學に於ても、武に於ても、達人であつたが、その精神風貌には上方風のやさしさが濃く、書も畫もゆくとして可といふべき異才だつた。

彼は五十一歳にして義擧に加つてをり、このことのみを見ても異常なことであつた。最も詩人歌人の追慕すべき先人の大なる一人であるが、未だそれをのべて物語傳記の作をなしたものも知らないのが遺憾である。しかし光平の詩人としての偉大さを知る者は、我々の文學の仲間には澤山ある。彼の歌が所謂萬葉調でない點で、今日まではわが歌壇でよろこばれなかつたのであるが、こゝにあげた「御陵の小笹わけつゝ」の歌の如きは、萬葉集の人々のもつた心もちを、同時代の勤皇歌にさへ多く見出されぬ深い國がらの思ひから新しく歌つたものである。

この光平の歌の中で、淺野晃は一首を選んで、我國の永遠の青春の贊歌だと推賞したものがある。それは、

　ますらをのかばね草むすあら野らに咲きこそにほへ大和なでしこ

この一首にあらはれた志士の心の、日本の少女に對する思ひは限りなく美しい。光平はかういふ人であつた。

人を相手にせず、天を相手にせよ

西郷隆盛

南洲のこの一句は、千古を貫く述志斷行の金言である。天下大小のことを考へ行ふものは、つねにこの語を坐右訓とすべきである。西郷隆盛の「遺訓」の中に出てゐて、つゞけて「天を相手にして、己れを盡して人を咎めず、我が誠の足らざるを尋ぬべし」とある。維新の志士は盡忠の一筋を生命のみちとしてゐたから、ものの云ひ方では時の文化情勢の點から間違つたことがあつても、歌に於て、詩的表現に於て、みな千古に一貫する至誠が出てゐる。

この大西鄕遺訓は、主として廟堂の士大夫の心得を說いてゐるが、一巻のすべてが、言々句々服膺して今日の教へとすべき珠玉の文字である。しかもこれは我らの平凡な人生の教訓としても、機に當つての教へとなる點、さすがに史上最大人物の描いた達人の文章であつた。皇國未曾有の日の教典として、最大の典籍なることは疑ふ餘地がない。さうしてその章句は、今日を生きぬく教訓として、さかんに今日の雄心と人心を振起してゐるのである。

「事に當つて思慮の乏しきを憂ふること勿れ、凡そ思慮は平生默坐靜思の際に於てすべし、有事の時に至り、十に八九は履行せらるゝものなり、事に當り率爾に思慮することは、譬へば臥床夢寐の中、奇策妙案を得て、明朝起床の時に至れば、無用の妄想に類すること多し」などといふ語は、我ら平凡者の日常の行爲の教へとすべきである。さうしてかういふ言は、偉大な作家の如く注意ぶかく人間を眺め、身を挺して大事を生きてきた人にして始めて云ひうることである。

遺訓一巻の精神は、至誠にある。爲政者の心得として、つねに國と斃るゝ決心を云ひ得るのは、彼の信仰と至誠に發するからである。その遺訓の一言一句は、みな至誠に發し、痛切な今日の批判であつた。この大西郷の思想は、神國の歴史を身を以て生き抜いた人の思想であるから、順境の榮達者の時めく時代には、深く理解されない。彼は一身の成功失敗などを考へてゐられぬ國家の大危機の日を生きた至誠の人である。卽ち人を相手にせず、つねに天を相手にした人である。

影山正治の「大西郷の精神」の中に、「武斷派の南洲が詩人で、文治派の大久保が非詩人であつた事實は、聖雄と梟雄を正別する上に大いなる示唆を投げ與へる」と云うてゐるが、けだしこの人にしてこの言あるものとして、私も亦滿腔の贊意を味つた。影山氏の「大西鄕の精神」は遺訓を註釋したものであるが、その註釋は獨自な精神から行はれ、大西鄕の精神を今日に生きる者の志を描き出してゐる。由來我國の註釋とはかゝるものであつた。私が大西鄕の精神に味到し得たと思つたのは、遺訓によつてであるが、追慕崇敬の念を明らかに激しく味つたのは、彼の詩を通じてである。その漢詩集一巻は、まさに近世文學中の傑作の一つである。その詩美を解し、風雅を了知し、人情の機微を詩人の創造に轉開してゐる點では、わが漢詩史上最高作品の一つであらう。

彼の遺訓と遺作中には、今日の教へとして、精神と志の慰めとなり、さらに又雄心の源となるものが無數にあるから、今日の讀書人は、何をおいてもまづこれらをひもとくべきである。

大西郷はわが有史以降の大人物中の一人であるが、この大英雄が、また獨自の大詩人であつたことは、その遺訓の思想を通じ、又遺作の詩歌を通じて知るべきである。この偉人の詩人の一面を解さぬ者の大西郷觀は、必ず不十分なものとして、英雄の大志にたどりつき難いであらう。その大志の根柢にもつてゐる、わが神ながらの偉大さにたどりつき難いからである。

Asia is One（アジアは一つだ）

岡倉天心

岡倉天心が「アジアは一つだ」と、その英文の著述「東洋の理想」の冒頭の一句で云つたことは現在を決定する思想の靈感であつた。その本がロンドンで上梓された明治三十六年は、日露の風雲のまさに激發せんとする前夜であつた。この戰爭の間、天心はアメリカにあつて、わが對外文化闘爭の第一線に奮闘したのである。しかし彼は、一民間の文人に他ならなかつた。當時の政府派遣の外交官が、媚態外交を以て任としてゐたとき、彼は將來の患ひをそのことの上に思ひ、卽ち堂々の筆を振つて日本の偉大の使命を、歴史によつて說き、懇願を排して、理解せしめようとした。

淺野晃は明治最大の戰爭文學とは、天心の諸作品であると云うてゐる。卽ち明治の戰爭のもつ歴史的使命と豫言と理想は、まさに天心の文學に於て、最も濃厚の精神としてあらはれてゐるからである。しかも彼は文章によつて、最も良く闘つたのである。

天心は初め美術學校の創立に當り、又國寶の調査にも從つたが、早く野に下つて、日本美術院派の總帥となつた。彼の門下からは、觀山、大觀等の院展派の大家が輩出したのである。

しかし天心の精神は、彼自身の文學に於て、さらに偉大なあらはれをした。彼は東洋の精神は、最も深く日本の藝術の歷史の中に顯現してゐることを知つた。彼は日本の藝術の歷史を說くことによつて、東洋の理想を描いた。「アジアは一つだ」といふ靈感は、彼が印度の旅舍に於て、この本の筆を起した日に誌した言葉だらうと云はれてゐる。それは啓示的な一句だつた。

天心は明治最大の思想家である。又最大の詩人であつた。最も識見の高い志士であつた。さうして最大の豫言者であつた。彼はアジアが一つであること、アジアの未來がアジア自身の中に藏されてゐることを云うた。さうしてアジアが自身の力で、九死より囘生する神話を、アジアの中にさし示した。彼の思想は豫言であつたが、それは神話である。彼は外よりくる力に向ふために、アジアは一つであらねばならぬといふ情勢論を考へたのではない。彼はアジアが一つであるといふ神話によつて、アジア自身によるアジアの勝利を說いたのである。それは豫言であり、神話である。その思想と論理を展開するものは、創造と生長以外の他の原理のない斷定である。彼の說いたのは、情勢論的な大アジア主義でないのである。

我々の少年期から青年時代に移る時代、我々は天心の最大な詩人的大思想に於て、アジア囘復の原理を見たのである。さうして天心の名によつて昭和初年の思想界は、大きい轉向を描いたのである。現在の國家目的を豫感して出現した新しい思想の中で、天心の影響をうけなかつたものは一つもないのである。天心はアジアの勝利の原因は、アジアの内に藏されてゐると云つた。それはアジアを一丸とせねば外力に對抗し得ぬといふ類の、謀略聯合の論でなかつたのである。

天心は自らを最大の保守家として任じた。又浪人のかなしみに、詩心の翼を羽搏かせる原動力を見てゐた。さうした彼は、わが民族の昂揚發展を豫言し、その原動を精細に述べ盡した國學の思想の最も新しい繼承者であつた。

彼は新しい學術を學んだゆゑに、新しい思想家となつたのではない。彼の如き、熱情の詩人のもとへは、つねに新しく正しい諸文明は自ら集つてくるのである。さうして彼の國學的思想は、自らを保守派と呼ばはせるほどの自信をもつてゐた。

彼は明治の大御代のゆゑに出現した如き、最も新しい思想家であり、偉大な變革者であつた。しかし我國に於ける變革と斬新は、傳統に立つときにのみ可能であるといふことを、彼は自らの空前の文學によつて示したのである。

彼の思想を通過した時、我々が何氣なくわが歴史と現實の中で見聞してきたもののすべてが、あやしいまでの偉大な光輝を放つた。しかも天心の如き大思想家が、その偉大な詩の如き文章を、英文で描いてゐることは、日本に驚異し親近する外國人を謬らせないであらう。日本を知らうとする異國人が、まづ天心によつて日本を學ぶといふことは、我々のためにも善いことだが、さらにそれ以上に彼らの幸福である。

今日では皇軍の武威がアジアの全體に光被し、今や天心の豫言は實現したと見る人もある。しかし一歩思ひを凝らすなら、天心の思想はこの現勢の一段の奥に鎮るものである。未だに今日の情勢論は、皇軍平定の現實を眺めつゝ、「アジアが一つであらねばならぬ」と云うて、この大事實の後を追つて、それを説明してゐるにすぎない。天心は「アジアは一つだ」と云うたのである。それは今日の現實を生む精神の神話である。我々がこの二つの考へ方の差別を了知した時に、その差別を立てる論理が、我國の未來の生々發展の創造の論理なることを知る。

天心の思想は、所謂南進論や北進論と云ふ類のものと同一ではない。彼の創造的な思想は、情勢論でなく、神話であつた。わが國學は、我々の民族の傳承した精神的な感覺の原理を、一筋のみちとして發見した時に成立したのである。天心はさういふ感覺の生理を、一段と明らかにし、こゝに東洋が日本に於て一つであるとの斷定に達した。

東京美術學校庭に立つてゐる六角堂内の天心の像の背後には、この「アジアは一つだ」といふ文句が、

Asia is One と原文のまゝ刻されてゐる。

日本女性語録

一

國史の上からみて、大切な生き方を現した女性や、重大な役割をした女性をあげ、その言葉を中心にして、一つの歴史を描いてみたいと思ふのである。それについては、つねに國史の道を明かにし、日本女性の眞の生き方を、考へて行きたいと思ふ。

私が昨年上梓した「日本語錄」といふ本は、代表的日本人が、その人々の生涯の重大な時に口にしたことばをあげ　そのおのづからに發したものを通じて、日本人の生き方や考へ方の、最も絕對的なものを、明らかにしようと思つた。つまり人各自の生涯に於て、最も絕對の瞬間や、切迫した狀態に於て、我國人はどういふ言葉を口にするであらうか、さういふことを考へてみたのである。しかもさういふ人のさういふ瞬間は、その人個人の歷史にとつて大切なものだつたが、同時にわが國史に大きい作用をした瞬間である。

私はそのために、常識的に代表的日本人を選んだのである。常識の代表的日本人とは何かと云へば、第一には臣子として缺點の無いものを、最上とする。例へば楠木正成の如き人がその絕對なものである。次に、重大な缺點があつても、一應事理と道を正す上で、必要と考へられる英雄を、この中に入れた。例へば源賴朝や、德川家康などである。

しかしこれらの先人の語錄は、すべて最高乃至絕對のことばである。道の絕對の言葉は、信ずるに足るし、人間的に最高の表現にも、全身全靈を以て、これに對すべきものがおのづからにある。しかし教訓的語録として誌された著述家の語録は、さほど重大視する必要がない。人間として人生を成功した實業家の指導書となり、修養書となり、訓辭の參考書となるほどのものはその中にもある。しかし、こゝに西郷隆盛のやうな人の語録を例とすれば、これは儒者や僧侶が、人生の教訓書として描いたやうな文章とは全く異つてゐる。それが讀者に及ぼす力も、讀者の信頼感も異るし、語録のもつ生命の上でも、全く別箇の、絶對のものである。

わが國史上の女性の語録を選ばうとする上で、第一に私の考へるのは、それによつて國史の道を明らめたいといふことである。この國史の道といふことを、今の現實の見地で申せば、日本人としての仕奉の道を明らかにするといふことである。しかもこの場合は、日本女性としての仕へ奉る道である。

從つてこれは、さらに言葉をかへて云ふなら、わが國史上の女性は、如何なる狀態、如何なる人生に於て、その心を如何に定めたか、といふ意味を語ることになる。この道といふのは、粧られたことばの上にあるものでなく、絶對純粹なことばのあらはれの中に見られるものである。つまりこれを現す表現は、直接日常の教へとはならぬやうに見えるかもしれないが、日常以上の高次の場合の教へとなる。その教訓はわれらの心の持ち方や、我身のおきどころを教へるものであつて、その教へ方も、直接内心の創造力にふれてくる如きものである。卽ち萬人の心にもつ神のものに傳はるやうなことばで、その教へは語られてゐる。このことはまた、何が日本人の道の教へとなるかと云ふ點を示してゐる。立派なことばに問題があるのでない。身分地位のある人の教訓でなくてよい。有名無名を問はない。ことに女性の場合は、名もない人の言葉が、尊い教へと道を現すことが多いのである。ことばが理窟として、頭にふれるやうにのみ語られることを、我國では言擧げとして排して、内心の神のものにふれることばの働きを尊んだ。これを言靈の道と呼んだのである。この言靈の道が、卽ち歌の道である。だから絶對な語錄は、歌としてあらはれる場合が多いのである。

殊に女性の場合は、日本女性の本來のあり方から云うても、そのまごころは必ず歌にあらはれる。國史上の女性の語錄として、歌の集に近いものを選ぶのは、やゝ曲がないやうだが、わが國の人心のあらはれ方を深く考へるなら、むしろ語錄と稱して歌集を撰ぶのがふさはしい。しかし歌のやうな言葉で現はされた例もかなり多いから、あへて歌に限定しなかつたのである。

その上日本の女の道や、女性の心もちの、最も正しく美しく尊いものの現れ方を見ると、表や外に活躍するよりも、内部の支へとして、卽ち歌としてあらはされるのが當然である。だから日本女性の語錄は、一面から云へば、歌ごころのあらはれ方を、事に當つて檢討するといふこととなる。言擧げするとか、演說するとかいふことは、我が女性の表現の正しいものではない。わが國史をさゝへた女性のまごころは、下積の人に知られぬものとして、さういふ花々しい形に現れぬことが多いのである。けだしこれは、男に先んじて言擧げせぬといふ國ぶりの現れである。

わが國生みの神話の冒頭は、實に女性の先唱をいましめ給うた神教から始つてゐる。しかも神代上古のわが女性は、殊に浪曼的で勇敢な氣象に勝つてをられたが、いつの場合、いかなる狀態でさへ、男子に先んじて言擧げするといふことはなかつたのである。この點は、女性の語録を語る上で、第一に申しておきたいと思ふ。この意味と、歌といふことの二つを、まづ悟つた上で、女性語録の趣旨を考へてほしいと思ふ。

さきに云うた「日本語録」といふ本では、巻頭の第一番に、倭姫命の御言葉を誌した。これは、神代の時代を遠慮申したといふわけでなく、神代の心に近づかうと念ずる近日の我々臣子の情によつて、この文章を記述したからである。卽ち倭姫命の時代こそ、神と人との距離を、既にやゝあらはに意識し始めたことの、明らかなる時代であつた。

それまでは宮中に奉祀せられてゐた皇大神宮の御靈代が、その先に笠縫邑に奉遷せられたといふ事實は、わが國史に於ては、極めて重大なことの一つであつた。しかしこのことは神と人とに絕對の距離が生じたといふのでなく、距離を意識する時が頻りに起つたといふことである。ずつと後世でも、人麻呂や赤人の歌に於ては、さういふ距離が全然なくなつた狀態で歌はれたものも少くない。しかしながら、神と人との分離の意識が生じたことは、早くもこの古い時代に始り、すでにその頃から、人間の生き方といふ意味で、神と一つにならうとの復古の努力が生れてゐる。歌といふのは、いつの世に於ても、人心と神とが一つになつた狀態に生れるものだが、一面から申せば、神と一つにならうとする努力の上で學ばれるものでもあつた。人が神と一つのものに結ばれる橋でもあつた。神と一つのものに結ばれたいとの祈念が、今日のわが國の仕奉の道の根本である。

このやうに後世のものや、近世のものを一掃し、人ごころをきはめて神と一つにあらうとする努力の、學問的な現れが國學であつた。だから國學の人々の殘した、古事記や萬葉集の尨大な研究といふものは、單にたゞ太古の日本人の思想信仰を研究しようとした成果でなく、近代人と化した人心を、如何にして神ながらにかへすかといふことを、外に考へ內に念じた學問である。しかもその神ながらのものこそ、現在に生きてゐる臣子の生命の根柢であるといふことを、さらに明らかに意識せしめ、これを生命の充實した形で意識することが、この學問の目的であつた。

かういふ點で、私の文化文學の歷史の考へ方では、つねにこの神人の分離した時代に、最も力點を注いできたのである。そしてこれを日本武尊で現はさうとしたのである。日本武尊の御生涯と御詩歌には、人間といふ要素が極めて多いのである。卽ち近代思想の意味で、人間といふ要素が多かつた。このことが濃厚な近代人を意識しつゝ、國ぶりの仕奉の道を念ずる我々の、深く仰いで道統の始祖と感じた原因である。今日の人でも、古代の心の濃厚な人々は、さらに進んで、初めより素戔嗚尊の歌ごころに現はれるやうな、太々しい神ながらに直接につながるであらう。しかし私は自身のもつてゐる心的狀態の反省から、日本武尊をたゞ〳〵仰ぐばかりのところから、その道に入るのであつた。まことに日本武尊こそは、國史上の神人分離時代の、典型たる詩人にして武人にあらせられたのである。

かうした日本武尊の場合を、こゝで悲劇と申せば多少の語弊があるかもしれぬが、ともあれその悲劇を、文學の道として今に踏み定めてゆくとよい。それはつまり文學によつて、時弊の根柢をつくといふ意味だが、その行き方によつて始めて、神への復歸と神道の恢弘が可能となり、われらの仕奉の道がやゝ形づくられるやうに、私は感ずるのである。近世以來の思想界を見渡しても、この過程をさらに一歩超えて、この人間狀態を了知しつゝしかも輕く踏んで、直接に素戔嗚尊につながり得る心の狀態にゐる人は、現代に於ては、現在の影山正治氏以外にないと思ふ。今日影山氏以外にさういふ人が、わが思想文學の學壇にないばかりでなく、近世以降に於てさへ、さういふ天性の古代人は少なかつた。たゞ御一新のある短い期間を見ると、そのころの志士の、ある時のある心的狀態に於ては、さういふものが確かに現れてゐたのである。

この度の女性語錄も、この見地からやはり日本武尊時代より始めたいと思ふ。この語錄も大多數の近代人的な人々を目標として描くものだからである。しかもさうして、現代の人々の教訓となり、さらにその教訓も、今日の身のおきどころや心の定め方にふれるものでありたい。申すまでもなくこれは、わが日本女性として、仕奉の道を全うするといふ一點から云ふところの、身のおきどころである。その意味で、われらの語錄は單なる氣のきいた教訓句の集りであつてはならない。さういふ類のものを求めるなら、道德者が意圖して作つた修養訓的語錄集に赴けばよい。儒者僧侶の著述した語錄書をよめばよい。あるひは近ごろ作られた國民座右銘式の格言集でもよい。たゞ私はさういふ教訓語錄や國民座右銘格言集を作るのでなく、日本人の絶對の道を、日本人の言葉を通じていのちのまゝに示したいと思ふ。そして日本人のいのちのおのづからにふれた絶對のことばを、例擧してみようと思ふ。しかし絶對の言葉を例擧することと、座右銘の撰著とが、どこで異るかと云へば、座右銘の撰著は、ある思想に立ち時勢に應じて、時代の教訓となることばを集成するのである。しかるに日本女性の語錄を作ることは、國史の道を生きた我らの血統を明らかにするにあるのである。この國史の道に立つて、仕奉の一點を明らかにする點で、そのあらはれ方も教訓書的語錄とは自ら異るのである。それは或ひは普遍的な教訓を外形に示さぬかもしれぬ。しかしそれらの語は、必ずわが國人の創造力の根柢をつき、仕奉の道をなつかしく恢弘すると思ふ。つまりそれが歌であつて、理論言擧でない。私は座右銘の生活訓的役割を一概に排斥する者でないが、日本語錄の趣旨とは、外見の類似にもかゝはらず、趣旨の全く異る意味を明らかにしたのである。

一二の例を云へば、日本語錄に、快川の語としてひいたものは、原典は禪書にあり、座右銘では原書を出典としてゐる。しかしこの句が原典からひかれるなら、私の考へでは遂に今日の日本人の教訓とならず、日本人の語錄に加へる必要が薄いのである。その句は快川の物語によつて始めて、我々の生命にふれ、語としての生命をもつたのである。又私が信長の名であげた句は、「日本語錄」中にも說明しておいたやうに信長の父信秀の遺訓である。しかし信長が已の生命の發端の重大なる日に第一に發したことばとして、私はこれを父信秀の語とせず、信長の句として扱つたのである。これも日本人の生命の考へ方からみて決定したものである。しかし座右銘風に原典作者を云ふ時は、これも信秀の句とされるかもしれぬ。しかも父の言を、子の語録に入れることは、道の思想に立脚する者の判断の結果であつた。しかしかゝる場合は、無分別に、あるひは恣意に、それをなすものでない。舊著に於てもその事由は申しておいたところである。

さて初めにかへつて、神と人との距離が、次第に意識せられたのは、崇神天皇の御世に始つたと考へられる。宮中より皇大神宮の御靈代を御神劍ともろともに笠縫邑に奉遷したことは、通常は神皇分離と云はれるが、このことはそれを表象した國史上の一大事である。しかもこの時代が敬神の念の一段と旺んな時代であつた事實は、けだし神と人との距離の意識の實在を教へるに他ならない。かくて次の垂仁天皇の御世に、倭姫命が、伊勢に皇大神宮の宮を建てられた。この垂仁天皇の御世の即位三十九年冬十月、五十瓊敷《イニシキ》命が劍千口を作られて、これを石上神宮に藏められたが、後にこれを神寶とせられた。しかるに八十七年春二月になつて、五十瓊敷命は御妹の大中姫《オホナカツヒメノ》命に向はれ、「我れ老いぬ、神寶を掌ること能ず、今より御後は必ず汝主《ツカサド》れ」と申された。しかし大中姫命は、「吾は手弱女《タヲヤメ》人なり。何ぞ能く天ノ神庫《ホクラ》に登らむや」と辭退せられた。それで五十瓊敷命は「神庫は高しと雖も、我れ能く神庫の爲めに梯を造てむ。寶庫に登るに煩あらむや」と申された。けれども大中姫命は神寶を物部十千根《トヲチネ》大連に委ねて治めしめられた。かうして物部氏が石上の神寶を司つたのである。

この大中姫命の「吾は手弱女人なり」と申されて辭退せられたことと、五十瓊敷命がそのために梯を作らうと申されたことを、何といふことなく、めでたい話として、私は以前から喜んできた。

神の神庫《ホクラ》も樹梯《ハシダテ》のまゝに

かういふ諺が、この當時出來たと云はれてゐる。古いころに「日本の橋」といふ文章を書いたが、その中でも、このことは云うた。梯をかけるとよい、梯をかけたならば、如何に高いところにものぼれるといふことは、何でもないことのやうで、めでたいことである。この諺は何といふことはないが、私の深い記憶となつたのである。我々は自身を挺して、已れが日本の橋とならねばならぬからである。

しかしこの諺は、下より上を輕んずるやうにも譬へうるが、古はさうしたことが全然なかつたのであつて、たゞ如何に高く貴いあたりにも、それを導く者がをれば、其の梯のまゝに遂には至るといふ意味である。しかしこの梯といふのは、先導者とか、案内者といふものでなく、自身を梯とする者を云ふのであつて、これは今日云ふ指導者といふ思想と異るところである。今日必要なものも、指導者といふ者でなく橋となる人である。さういふ橋の働きの上に、神を奉るわけである。

大中姫命は垂仁天皇の皇女で、五十瓊敷命の御妹に當られるが、その齡を推算するとこの頃五十瓊敷命は既に七十三四歳に成坐てゐた。卽ちその千振の劍を作られたのは廿歳頃と考へられる。この勘定に基いて大中姫命の齡を考へると、やはり六十八九歳かと考へられる。七十以上の兄の皇子が、七十近い妹の皇女に、「我老ぬ」と申されてゐるのは、從つ

てたゞ老齢を申されたと云ふよりも、病氣を遊ばされたからであらう。この時皇女は、

吾は手弱女人《タヲヤメ》なり。何ぞ能く天の神庫に登らんや。

と申されて、當時最大の武器の神庫を、物部氏に譲られたが、石上の神寳は、饒速日命《ニギハヤビ》より持降り給うたところだから、その子孫である物部氏に掌らしめ給うたのである、かくて物部氏は、こののち武臣として、一段と重きをなしたのであつた。

この皇女の言葉に、手弱女人とあるのは、たをやかなる女といふべきを、字にあててその意を示したもので、天の神庫の天は美稱であるが、美稱である根本の意味はその神寳が、天より持ち降られたものに象られたからである。かうして梯を作らうと申されたに拘はらず、皇女は自分は手弱女であるからとて、神庫に登られず、武器を宰られなかつた。

皇大神宮の社を伊勢の五十鈴川上に建てられたのは、次の垂仁天皇二十五年である。この時に倭姫命が奉仕せられた。この倭姫命もわが國史上で大切な御方である。「日本語録」はさきに云うた如く、この倭姫命の御言葉を巻初において女性は總じて五名をあげた。五十人中五名は少いやうであるが、わが女性の純美なものは、しとやかにして己を空しくし、しかも道につかへる點にあり、その本態は世間に對して名のらず言擧げせぬところに現れる。

倭姫命も國史上重大の人物であるが、自身を名のられたことは全然ない。たゞ一句大切なお言葉があるので、それをあげたのである。通常の氣概ある著作者ならば、一度誌したことを再びせぬもので、自分も若干さういふ心持をもつてゐるが、さらに深い意味では、

國史を語る大切なことをくりかへさねばならぬのである。その意味から、この女性の語錄に於ても、やはり倭姫命の御言葉を初めにおき、さきの五名の名流も、別途にあげたいと考へてゐる。これは道を正しくするといふ趣旨からである。

倭姫命の御言葉は、「古語拾遺」と「日本書紀」に出てゐる。書紀に出るものに感動して、古語拾遺の著者齋部廣成が、殊さらにあげたものであらうと思ふ。維新の志士、有馬新七もこの語について回想してゐるといふことは、藤田德太郎氏が語られた。

倭姫命は、日本武尊の御姨《ミヲバ》として、その國史上の意義がさらに深い。初め皇子の西征の時、皇子は倭姫命より御衣を賜つてゆかれ、これにて女粧して軍功を完うされてゐる。これは征旅の初めに皇大神宮に詣でられたもので、東征の時にも御姨命を訪れられたのは、やはり神宮に詣でられたものである。古の神道の政治の旺んなありさまがこの場合にも察せられた。

二

倭姫命は人の代になつてから、最も多く、天照大御神の御神敕を聞かれた御方で、その御事實は、すべて古典に誌されてゐる。敕命によつて伊勢の地に大御神の宮を建てられたのも、大御神の御神諭に聞き給うたのであつた。

皇大神宮の御靈代《ミタマシロ》が、皇居を出御になつたことは、わが國史の上で極めて重大なことがらであつたから、舊來の歴史家も、このことについては、色々に考へてきた。しかしこの事は、申すまでもなく重い御神慮からである。かりそめな人ごころの思惟でおしはかつてはならぬのである。しかし强ひてこれを考へ奉るなら、神皇御分離の御事は、元より高天原にて定めおかれた、深い神慮の顯れであつたと、思はれるのであつた。

既にこの時代に於ては、皇威は國内廣く擴り、さらに進んで海の外にまで御稜威は及んでゐた。こゝに到つて、大御神は、皇孫尊《スメミマノミコト》（天皇）の御世の常磐堅磐《トキハカキハ》に動かせ給ふまじき今こそ、なほまたさらに海の內外に皇化神威をあまねく及ぼし給ふべく、その大御心こゝに始めて顯はれて、皇居よりひろき場所に出御遊ばされたのであらう。このことは、天皇が大御神の神威を畏み給うたと申せ、同床共殿の神敕をたやすく違へ給ふわけはないから、必ず種々の神慮現れまし、これらは恐らく深き神代の幽契になつたものである。卽ち神威さかんになつて、共に住み給ふ能はずと古典に誌されたことは、御神慮の御幽契をとげ給ふ時到つたことと、それについての神威の現れ給ふさまを誌されたものと感じられる。この御幽契のことは、この以前の歴代の天皇さへお知りにならなかつた御神慮と思はれ、たゞ齋部廣成の「古語拾遺」にだけ、この畏き大祕事の來由が述べられてゐる。このことは、この書以外の他の古典にさへ見ぬところであつて、けだし拾遺の名に當る大御祕事の古傳の一つである。時來れば御靈代は宮中を出られて、伊勢に鎭座し給ふといふことは、天上での御幽契だつたとこゝにしるされてゐる。倭姫命も、この大祕事をつとに知られたわけでなく、たゞ神託の神がかりによつて、神意のまゝに仕奉せられたのである。

御靈代の御神鏡が、皇孫尊の御降臨以來、久しく宮中に御座したことには、皇祖神の深く畏い御情意があつて、又宮中を出御遊したことは、皇威國内に大いに興つた上、今や一段と廣く深く高く、神敕を世界に行はせられる大御はからひの時到つたからであつた。これが我國の上代に於ける海外發展時代に、神皇の御分離された理由であつて、けだしこれこそ世界皇化の神敕をさらに旺んに行はせられる神意にして、すでにかく定められた時到つたものであらう。これは「古語拾遺」が傳へた古傳拾遺中でも、わけても大事な國史の事實であつて、「古語拾遺」には「始め天《アメ》に在《オハ》しましける時、かねて契《チギ》りおかせ給ひて、衢《チマタ》神《ノカミ》の先だちて降りませること深く故あること也」と書かれてゐる。だから御鏡については、同床共殿に齋《イツ》きまつれといふ御神敕があつたにもかゝはらず、この時になつて伊勢に齋き奉つたのは、こゝに誌された如き、さらに深き大御契約の御事実を感じるに足るのである。さきの御神敕は、皇祖大神の御愛情の限りない深さを示し給ふものであつて、今度皇宮の外に出御遊したのは、世界皇化の神敕の嚴なるものを示されたので、これが天上の幽契と申されるのである。この御幽契に仕へ奉つた衢神とは、猿田彦大神の御事で、天孫御降臨の御案内にも仕へ奉つたこの神のみが、天照大御神の伊勢鎮坐の御由來について承るところあつたのである。從つて伊勢鎮坐の御時には、この神の御子孫なる大田命が仕へ奉られてゐるのである。この時の事情は「倭姫命世記」に詳かに出てゐる。

さて「古語拾遺」は、平安時代の初期に出たもので、わが皇學の發端をなす著述である。平田篤胤は、この書を讀んで泣かぬものは人でないと云うてゐるが、皇學に志をかたむける者の、よむ度に必ず深い感動を禁じ得ない著述である。

明治の文明開化以後の歴史家の中で、深く國史を考へ、しかも謬つて文明開化風の考へ方に陷つてゐた人々は、この神皇御分離の御事を云ふについて、勿論當時の皇威大發展の實狀は認めつゝ、この國運發展の實相に當つては、神道政治のみでは海外に對する政治として、圓滑に處してゆき得なくなり、故に神道政治を一變する必要から、伊勢鎭坐がとり行はせられたと解釋してゐる。けだしこの論は國史の本末を謬つたものであつて、かく云ふ理由は、古典國史をよめば忽ちに判明するのである。彼らがさきの「古語拾遺」の御幽契といふことについて、全然思ひいたらなかつたのは、その心底に於て皇神の道に生きるといふ國家の第一義の大本を忘却したからであつた。けだしこの御分離は神道政治の改訂でなく、さらに一段の强化であつたといふことを、わが國學の先賢は、この「古語拾遺」などに基いて說いてきたのであるが、この先賢の說の大事實を知らず、たゞ文明開化以後の解釋に盲從してゐるやうな史家が今日でも多いのである。しかもこの書物の著されたのは千年以上の古であるが、今日これをよむなら、當面の大事を云うてゐるやうに私には思はれる。

天照皇大神に稱《マヲシ》奉る祝詞に「四方《ヨモ》の國は、天の壁立《カキタ》つ極、國の退《ソキ》立つ限、青雲の靄《タナビ》く極、白雲の墜坐向伏《オリヰムカブ》す限、青海原は棹柁《サヲカヂ》干さず、舟の艫の至り留る極、大海原に舟滿ちつゞけて、陸《クガ》より往く道は荷の緒縛《ユ》ひ堅めて、盤根木根履みさくみて、馬の爪の至り留る根、長道《ナガヂ》間《ヒマ》無く立ちつづけて、狹《サ》き國は廣く、峻《サガ》しき國は平らけく、遠き國は八十《ヤソ》綱《ツナ》打ちかけて引き寄する事の如く、皇大御神の寄《ヨ》さし奉《マツ》らば」とあるが、これは「祈年祭《トシゴヒ》」の祝詞の辭別として、殊に日本人の深く拜する部分であり、今日に當つては畏くも、かく皇大御神の寄奉《ヨサシマツ》り給ふ時運に向ひ、わが皇御軍《スメラミイクサ》は、たゞひたすらこの神意神敕に仕へ奉つてゐるのである。我らが天照大御神の神敕に仕へ奉ることを平素不斷に念ずるなら、戰ひに必勝なることは疑ふ點なく、これが卽ち神敕である。しかも神敕の謬りなく、天皇尊《スメラミコト》の治《シロ》しめす國なるゆゑに、表現上如何なる末世的狀態が現出しても、國は滅びないのである。かつて維新の志士たちは、國家政治上の腐敗頹廢の末世的現象を朝夕みつめつゝ、實に我が國は神敕ある國なればこそ、かゝるきはに到つてさへ、つひに滅びぬ國であるといふことを痛感したのであつて、この心と志こそ、まことに尊いものであり、彼の挺身の根源力となつたのである。

さて我々は、明治の文明開化以後の歷史家たちが、大神宮伊勢鎭坐の原因を考へて、これはその頃の人心に、すでに舊來の神道政治では、大陸異民族の宣撫經營にふさはぬと思惟した結果から起つたことであるとした思想を、今日に於て強く批判せねばならない。わが國史の古傳では、實にこの大事實を以て、神敕恢弘の中興として敎へてきたのである、こゝに云ふ恢弘とは、一貫する道を、ひろくさかんにするとの意味であつて、復活といふ意味ではない。我々はさらにまたこの事實から、我が國史の道を生きてゆくための歷史といふものは、どのやうに立てねばならぬかといふ點を深く〳〵悟りたいのである。今日に處してゆくための、一切の時務處理の問題も、この垂仁天皇の朝の御大事を、神敕の恢弘としてきた國史の傳へのまゝに解し、そのやうに解する志を生き貫かうとする考へ方から處置されねばならない。これを謬つて、神道政治を引退ける處置だつたと考へることは、古典の本末を顚倒する論なるのみならず、今日の現實問題の本末を顚倒し、今日の生き方を謬つて、我々の生命の絶對根柢から、皇神《スメガミ》の道を失はせることとなる。されど今日でも時務の急なところでなされる言論には、さういふ本末を顚倒したものが少くないのである。今日の民子の生命と使命は、現實の肉體の死によつて終るものではない。我々は現身は死んでも、なほも靈を以て神敕に仕奉せねばならぬのである。この激しい戰局に面して、我々は生命のみちとして、一段と深く仕奉の道の根本大義について、覺醒するところなければならぬのである。

倭姫命の御事蹟としては、この後に、日本武尊の兩度の征旅の御場合に現はれてゐる。日本武尊の兩度の御征旅は我が國史から申して極めて重大なことであつた。日本武尊は初め西征の御時も大神宮を拜せられ、倭姫命から命の御衣御裳《ミソミモ》を給はつて行かれたが、九州に於てこれを着せられて熊襲の建兄弟をうたれた話は知らぬ者がない。さらに東征の御時にも、伊勢に參られ、神宮を拜せられ、倭姫命に御心持の底を語られ、深い歎きを申されてゐる。こゝは「古事記」によつてぜひよんで欲しい點で、本居宣長も、わが古典が、漢文の飾文と異つて正しい道を傳へるところとして尊んでゐる。しかし「日本書紀」及びさきの「古語拾遺」には、この時倭姫命は、日本武尊に草薙劍を賜ひ、一つの御言葉を賜つたと誌し傳へてゐる。

慎しみて怠り給ひそ

かく申し喩《サト》されたと云うてゐる。「古事記」には草薙劍と、別に御嚢を賜ひ、「若し急《トミ》の事あらば、この嚢の口を解きたまへ」と申されたとあつて、「愼莫怠」の語は見えない。さらにこの語の思想が、漢風である點を疑つた國學者もあつたが、この御言葉は、その點でも決して疑ふ必要がないのである。またこれを今日の言葉としてみても、このやうな云ひ方で出陣の人に贈る例が多い。しかしこゝに見える古の心は、さらに深いものがある。この御言葉を今日の御教へとして拝すれば、戰の日に愼んでしかも怠らぬといふことは、道をふむ大自信と大志なければなり立ち難いことである、えてして愼むものは積極性を失ひ、ひいて怠るさまに陥り、怠らぬさまをなす者は重大な愼しみを忘れ易い。又世情は愼む心を怠りと遇し易いものである。しかしこの愼みとは何かをさらに深く考へるなら、實に神意神命に畏み、その道に仕奉《ツカヘマツ》る上で己をつゝしむことであつた。さらにこのことについて、あへて凡情を加へて思惟するのに、草薙劍は、殊に重大な神寶であるから、これを日本武尊に賜ふといふことは、如何なる御方とて、かりそめなことでなしうるところでない。されば恐らく、此時皇子にこの神劍を賜ふについては、皇大御神の神託があつたとおしはかられるのである。こゝに於て、愼しむといふのは、さらに深い心を申されたものと知られるのである、しかし神命のまに〳〵たゞ仕へ奉る一途に生きてゐた古に於ては、この點で、ことさらに强調して、愼しむといふ言葉を與へたことはないと思ふが、今日の仕奉の道としてこの場合のこの御言葉を味ふ者は、現世最高の嚴肅切實を考へても、なほ古人の道心の一端にや、通じうるにすぎないのである。この點に於て、今日この語を口にするものは、「愼しむ」とは、神意につゝしみ、臣民仕奉の道を念々に祈念して止まない態度であるといふことを、深く悟らねばならない。

日本武尊の御東征に於ては、高貴の御女性で、他に御三方の物語が傳へられ、そのうち今日最も切實な教へとなるのは、弟橘姫命の御事蹟である。この御物語についても、國民のすべての知るところである。

弟橘姫命の御名となつてゐる橘は、この御世のさきの垂仁天皇の朝に、田道間守《タヂマモリ》が敕命によつて常世國《トコヨノクニ》から持ち歸つたものである。田道間守はこの橘を持ち歸るのに、往復に十年を要し、無事歸京した時には、垂仁天皇崩御の後八月を經てゐた。田道間守は、天皇の神去りまして復命《カヘリゴトマヲ》しえないことを深く歎じた。己のともかくも歸朝し得たのは、たゞ天皇のみたまのふゆに頼るもので、さなくば長途の難路如何でか歸り得るところでなかつた、しかるにその由も復命し得ず、暦月十年を經てつひに使命を果し得なかつたのを悲しみ、御陵の御前で、叫哭《オラビナ》きつゝ自ら死んだ。その橘を天皇に獻じ奉ることによつて、初めて使命を果し得るのに、それが出來なくなつたことを悲しみ歎じ、かくて生きてゐることに何のしるしもないと感じたのである。この田道間守の心情は、臣子忠誠の至情として、いつの世にも傳へられて、激しい日を味ふ國民の心を泣かせるものである。

この常世國は古典に現れた場所としては、一つ所でないが、こゝに出るのは今日云ふ南方である。橘はかういふいはれさへあつて、當時は殊に珍重せられたものにちがひないから、それを御名とせられたのは、必ず殊に深い御愛情をうけさせ給うた御方と思はれる。しかもその弟橘姫は、尊貴の御身分の御女性にましつゝ、田道間守のもつた臣子の至情と同じ心を踏ませ給うた。さうして日本女性の愛情の大本の教を後世人に教へ給うた。しかもそれは、御身自の御物語によつて教へられたもので、道德的な言葉や理窟として教へられたものでない點を、わが國の教のあり方としては深く悟らねばならない。わが古典の教へは、理窟として說かれる代りに、物語や文學といふ一段深い絕對の有様の中で、その言靈の働きを通じて、これを聞く萬人自身のもつ神ごころを生み出すやうに語られるのである。だから弟橘姫命の御物語を、日本婦道の大本として今日の議論の言葉で云ふと云つたことは、多少云ひ甲斐ないことで、我々はこれをたゞ物語として聞きつゝ、その動かし得ない絕對の事實の道を味ひとり、その中に滿ちあふれた生命をうけとり、きく者の自身のいのちとして、己の心に生みかへることを願ひたいのである。

だから物語にこぢつけて、思ひついたやうな教訓道德の方式を說くことは、あくまで云へば、われらの本意ではない。我らはものがたりの美しさやみやびを、そのもののいのちの本相に於て、この世に生々發展するまゝに語りたい。これは言論思想の方法でなく、文學のみちである。この文學の道は、迂遠の如くにして、つねに國の根本である意味は、今日こそ不動心として悟らねばならぬことである。けだし美といひ、みやびといふ國ぶりの文章の本願は、それとあらはに誌さぬ文章の一句一行に皇神のみちがあふれ、天皇の大御いのちがあふれ出てゐるやうな文章を描くことである。これが漢風の文章ならば、皇帝を讃頌する絶對の形容詞をしきりに用ひるが、それらの絶對はたゞ觀念的に要請された神を現す絶對の言葉であつて、觀念論上の絶對に通じても、血として生命としての神に通じない。我が國ぶりのみやびが、つねに神天皇のみいのちをうつし、民草のいのちの源に通じてゐることと、大いに異るのである。今日では、わが國體を禮讃する多くの文章が、さういふ觀念論上の絶對語で描かれる傾向の多いのを、私は遺憾としてゐる。

弟橘姫命が走水海《ハシリミヅノウミ》で、菅疊《スガダタミ》八重、皮疊八重、絁疊《キヌ》八重を波の上に敷いて、その上に下られた時の御言葉としては、

妾《アレ》、御子に易《カハ》りて海に入りなむ。御子はまけの政《マツリゴトト》遂げて、覆奏《カヘリゴト》まをし給ふべし。

このやうに申されて海に入られた。卽ち皇子の御身代りとして、海に入り、海神を和《ナゴ》め奉らふと申されたのである。しかもこの時の弟橘姫命は、單なる個人的な愛情に生きられたのでなく、實に「まけの政遂げて覆奏申す」皇子の御爲めに、その使命完遂を祈念し、その遂行のために、一時身代りとなると申されたのである。卽ち皇子のもたれる大きい仕奉のみちによつて、その御生命は皇子と一つだつたのである。單なる愛情によつて、一つになるといふのでない。愛する者のために生命を投ずることは、それのみでも容易でないのであつて、それのみでもなほ頌すべきことであるが、こゝで弟橘姫命の御言葉に現れたものは、さういふ人間自然の愛情の極致のみでなく、敕命に對する覆奏といふことを申されれ、この仕奉の大きい道といのちに於て、最も愛し尊む御方と一體となつてゐられるので

ある。これが我が國女性の愛情挺身の極致であり、歡喜崇高の最高の情であらう。愛人のために身を投ずることも、人間自然の情の歡喜の最高のものであり、美談として極めて高いものであるが、我が愛情の道にはさらに深く高い歡喜の大なる極致があり、崇高のものがあることを、今日も最も美しいものの實相として知るべきである。

これを西洋風に考へるなら、まさしく一つの激しい悲劇として、人間と運命の對決として見られるのである。しかしこゝにあらはれる我國の悲劇は、すでにさうした式の所謂悲劇とは別箇なものを現し、崇高唯美の形相をなしてゐる。悲劇でないわが國のものがたりとはかゝるものである。けだしこの崇高の情狀は別の例に云へば、楠公殉忠の心境に通じ、或ひは軍神決死の瞬間にも恐らく通ずるものがあつたと思ふ。今日軍國の女性たる者は、深くこれを味ひ、こゝには、世情の教訓や道德や處生には目もくれない、國ぶりの大なる極致の心情の美が、我國人のみの場合として賦與されてゐる意味を悟るべきである。しかも近代西洋に於てなら、これを悲劇として描くだけの自信さへ持たない狀態にあつたのである。何となれば、愛人のために己を殺すといふことを、小說の眞實として描くに足る生命への誠實も、愛情に對する自信も、また生活上の信念も、彼らはすでに失つてゐたのである。されば弟橘姫命には到らぬ、單なる愛情の犧牲の最高のものならば、或ひはこれを感受し得るかもしれぬが、それさへ中世の物語として漸くに信じ、また描き語り得るにすぎず、まして弟橘姫命の御場合の如き愛情が大なる道に卽して一つとなつてゐる歡喜の極致は、これを全然想像し得ぬ狀態にあつた。しかし今日の日本女性が、弟橘姫命を思ひ奉ることは、これを古の物語として仰ぐに止つてはならないのである。これを今日の臣子の心の古典として仰ぎ、その道こそ今日の己のみちとして生きようとする上から、今の己を以て古の物語の眞理と一つになることが、わが國ぶりの古典の學問である。しかも今日の我國に、また我がうら若い女性の心ざしの中に、この弟橘姫に通ずるものが必ずあり、通じようとするもののあることを、私は信じてゐる。神國必勝の念は、この君に仕へ奉る心の事實の上にあり、それは物の多少、物の强弱の問題でない。現世を戰つてゆく萬難千苦を、眞生命のみちの外の世界に見て、何ら意とせぬことは、人間努力を可能ならしめる根柢である。けだし神に通ずるものだからである。

しかも弟橘姫命の御遺詠として、この御最後に歌はれたと申す一首の歌が傳つてゐる。

さねさし相模の小野に燃ゆる火の火《ホ》中に立ちて問ひし君はも

この御歌は焼津で賊の火攻めに遭ひました時、日本武尊が、弟橘姫命の御身をきづかひ給うて、火中をくゞつて、弟橘姫命の御安危を問はしました時の御ことを歌ひ給うたものである。まことに御最後の御歌と思へば、さらに千萬無量の心をうつ相聞歌である。これほどの厚い愛情と深い信頼のこもつた歌は、まことに數少いもので、しかるに國史上この御心に通ずる女性の情は例少いわけでないのが、わが婦道のありがたいところであつた。しかし作としては御詠に及ぶものはない。さきの御言葉の崇高嚴肅な心と、この御歌の可憐にして情深いものを對稱しつゝ、また一つにして思ふなら、わが女性の愛の道は一段と明らかにさとられるのである。なほ此の御歌については、御最後の御時のものでなく焼津御難の直後の頃の御作ではなからうかと申した人もあるが、これは歌の字面のみを見た淺々しい解釋であつて、實にさきの御遺言あつて後、逆卷く浪中へ、御船を下り給ふその時の歌で、實にこの世の最後の御歌である。かく拜することは、この御歌と御物語の美しさにひかれてのことでもあるが、かく解する時に、愛と美の歡喜の極致の情を味ひ拜し得るのである。御生涯をかけての大なる瞬間に、以前の激しい歡喜の情景を回想せられたということは、この御物語を、すでに神聖な美しさとして榮えあらしめる。

かくて日本武尊は浪靜つた海を越え給ひ、遠く東國奥州にまで皇化を布き給うたが、やがて都をさして歸途につき給ふや、碓氷の峠から本國を見給うて、おのづから「吾妻《アツマ》はや」と詔ひ、無限の情を殘された。この後、皇子のこの御心、またさらに妃宮の御物語に感動した東國の人々は、わが土地の名を、皇子の歎き殘された美しい御言葉によつて「あづま」と呼び傳へたのである。敕命を奉じて征旅に從ふものは、東國人が皇子の御一言を奉じて、わが地の光榮の呼び名とした如く、かゝる歸順心を與へる如く、まことの皇御軍に仕へ奉るべきである。

三

わが神代上代の女性は、その性質が、かしこく、美しく、しかも雄々しかつた。弟橘姫命に於ても、まさしくそのことをかねそなへて示されてゐるが、この弟橘姫命の御場合は、それらがいかにもわが國の女性らしく現れてゐるのが拜せられる。日本武尊が、歌の道の上から申して、比類なくすぐれた方であつたが、同時に萬人が周知するやうに、わがますらをの道から申しても、又無雙の英雄にあらせられた。このやうに雄々しいますらをの劍の道が、神ながらの歌の道と一つであつたといふことが、わが國ぶりを示されたものである。つまり歌も劍も、神の意に於て、一體のものであるといふことは、後世の文武一如などと唱へる思想と、表面は大たい似てゐるのであるが、大本根柢では一つと云へぬものがあり、さうした考への本來の意味と精神は、必ずこれを日本武尊の御場合に於て考へねばならぬ。けだし後世の文武一如といふ類の思想は、大體が儒教風の政治學の考へ方である。この儒教風の文武一體の考へ方と、わが國の道に於て、歌と劍が神に於て一つであるといふ事實との間には、根柢に於てひらきがある。

これをさらにくだいて云へば、文武一如といふ思想は、文武といふ二つのものを一つにしようとする考へ方であつて、それが例へ神といふものを考へる場合にも、それは二つのものを一つにする上で、神といふものを立てる必要を考へて、これを人間の力でたてるとか、論理の上から假設するとか、觀念の體系のために要請するといふにすぎない。しかるにわが國では、神の所作と生産に、劍と歌があらはれるのである。卽ち彼に於ては、平天下の理窟のためには、さうあらねばならぬから、これを一つとしようといふやうに考へるのであるが、我に於ては、神のあらはれをかくの如くにものがたりの事實として拜し、民草はそこに生きてきたのである。これをもつと卑近の例で云へば、文學を云ふ場合にしても彼に於ては、人に對する教へを描かうとするのである。しかるに我が國の文學に於ては、人にあらはれた神のもののさまを描かうとするのである。今日でも我國の人々は、かういふ時局の色々の教訓講話をきくといふことを餘り喜ばないで、またさういふ形できいた話に大して感奮しないが、孤島で玉砕した勇士の話や、單身敵中を横斷して、敵をさかんに殺した勇士の、人間を離れた神わざのものがたりなどをきけば、彼らが成功したか、死んだかと云つたことを全然考へないで、一途に感奮興起するのである。これは我國人が、教訓道德を喜ばないで人間にあらはれる神業を尊ぶからである。さうしてかういふところにあらはれる日本人の性質といふものは、今日こそ最も大切なものであつた。かうした感じ方は、歐洲人には全然ないところであつて、彼らはすでに自身に神の血統を失つてゐるから、人のした神業に感動することができない。だから玉砕といつたことは、全然理解できないのである。さういふ崇高な事實をも、たゞ一部隊の全滅として考へ、さうしたことが果して戰局の全體に對して、どれだけの效果があつたかといふことしか考へ得ないのである。さうしてかういふ考へ方によつて、戰爭の萬般のことを考へ、又自己の態度方向の根本をそこにおいてゐるのである。勿論日本人とても、さういふ玉砕が、味方の戰局にどれだけのものを與へたかといふことは、一應は考へるが、我々の兵士が戰にゆく時の心には、さういふことを考へるやうな思想を殆どやどさず、又さういふ考へ方から己の生命を決定することはない。たゞ神命を畏み、大詔におそれて、臣子としての仕奉の道を全うしようと念ずるのみである。

上代の軍陣の場合は、大将が妻妾をつれて征くことが通常であつて、さういふ點で、後代の大葉子とか上毛野《カミツケヌ》形名《カタナ》の妻のやうな壮烈な美談も生れたのである。またある種の古い傳説では、征旅の船が波浪のため漂流し、これを卜ふと、海神の意とあつて、それを體して同船中の大将の妻妾が自ら進んで海中に入つたといふ例がある。しかしながら、これらの例の中でも、女性が兵を率ゐてゆくといふことはなかつたのである。

つねに夫の忠義を助け、夫が征旅を終へて復奏申上げるためのたすけとして働いてゐる。女が部将の服装をして、閲兵したりするのは、夷狄の風であつて、皇朝の風は、あくまでつゝましく夫に仕へ、萬一非常の場合には、夫に代つて君命を果さうと志したのである。上毛野形名の妻の如きは、その例であるが、これは舒明天皇の御代のことだから後に云はうと思ふ。

かういふ事實であつたが、神功皇后の御場合のみは、皇后自ら、舟師三軍を率ゐて、三韓を伐たれてゐる。しかしこの場合は、仲哀天皇が陣中にて崩御遊ばされたため、皇后代つて御軍をすゝめ給うたのであつて、それさへ神教のまゝに従はれたものであつた。

この間の事情については、「古事記」に誌すところに、根本がつくされてゐるが、「日本書紀」の方はこの事實について、さらに多くの事實をつけ加へ、又多くの潤飾のあとも見られる。

古事記によつてこの點を申せば、仲哀天皇は九州の陣中に御坐して、俄に崩御遊ばされたので、こゝに驚き懼み、國の大幣《オホヌサ》を取つて、國の大祓《オホハラヒ》して、「また建内《タケウチ》ノ宿禰《スクネ》沙庭《サニハ》に居て、神の命《ミコト》を請ひまつりき。こゝに教へ覺したまふ狀《サマ》、具《ツブサ》に先日《サキ》の如くにて、おほかたこの國は、汝が命の御腹にます御子の知らさむ國なりと教へ覺《サト》したまひき。かれ建内宿禰、恐《カシコ》し我《ア》が大神、その神の御腹にます御子は、何の御子ぞもとまをせば、男子《ヒコミコ》ぞと詔りたまひき。かれ其に請ひまつりけらく、今かく言教《コトヲシ》へたまふ大神は、その御名を知らまくほしとまをせば、答へたまひつらく、こは天照大神の御心なり。また底筒男《ソコツヽノヲ》、中筒男、上筒男三柱の大神なり」と教へ給うた。これは、このさきに、今や皇國が進んで三韓の地を治しめとの神教があつたのに、天皇は信じ給はず、崩御になつた。この神教は皇后に神がゝりして申されたのである。それでこゝのところにも、「つぶさに先日の如くにて」とあるのは、卽ちさきの日の神託と同じだつたといふ意味である。かくて天皇崩御の後に、この國を治す君は、皇后の御腹に坐す皇子であると教へ給うたのである。この神教の意味を悟れば、三韓征伐といふことが、すべて御腹に坐す皇子の治すところであり、皇后はその皇子の御爲に攝政遊したわけである。ここで建内宿彌が、「神の御腹にます御子」と申してゐるのは、この時皇后は神がゝりして、神の體となつてゐられたのでかく申したもの、皇后の御子と云ふ意味である。この皇子は申すまでもなく、應神天皇に御坐し、御母の御腹にいまして、既に三韓を治し統べ給うたのは、實に神意によつたのである。

さらに古事記の本文には、この次に、大神の神教の御神託が誌されてゐる。「今寔《マコト》にその國を求めむと思ほさば、天神地祇《アマツカミクニツカミ》また山の神河海の神たちに悉く幣帛《ミテグラ》奉り、我が御魂を御船の上にませて、眞木《マキ》の灰を瓠《ヒサゴ》に納《イ》れ、また箸と葉盤《ヒラデ》を多《サハ》に作りて、皆々大海に散らし浮けて、渡《ワタ》りますべしとのりたまひき。」とある。これは神功皇后の三韓征伐の御事が、總べて天照大神の御神教によつたものであるといふことを知るところであつて、こゝが我國の御軍が聖戰なる根本眼目の意味である。

こゝに於て、皇后は「かれ備《ツブサ》に教へ覺したまへる如くして、軍を整へ、御船を雙《ツラナ》めて、度り幸《イ》でます時、海原の魚ども、大きなる小さき、悉に御船を負ひて渡りき。こゝに順風《オヒカゼ》盛りに吹きて、御船浪のまに〳〵ゆきつ。かれその御船の波、新羅の國に押し騰《アガ》りて、既に國半《クニナカラ》まで到りき。こゝにその國主畏《オ》ぢ惶《カシコ》みて奏《マヲ》しけらく、今よりゆくさき、天皇の命のまにまに、御馬甘《ミマカヒ》として、年の毎《ハ》に船雙《ナ》めて、船腹乾さず、柂檝《サヲカヂ》乾さず、天地のむた、とことはに仕へ奉らむとまをしき」

即ち皇師は神軍であるから、忽ち新羅王降服し、やがて三韓全體が服したのである。こゝに於て皇后は御杖《ミツエ》を新羅王の王宮の門につき立て給ひ、墨江《スミノエ》大神の荒御魂を、この國を守ります神と鎭め祭つて、かくて還りました。住吉の神を三韓を守る神として鎭祭遊したのである。

このことはもつと子細に云ひたいところであるが、こゝにひいた點だけを深くよみ味つても、わが皇御軍の神軍たる意を悟るのである。日本書紀を見ると、この時新羅王は、海の浪が國の半に押上つてきたのを見て、これは必ず日本軍がきたのであると悟り、「東に神國有り、日本と謂ふ。亦聖王有り、天皇と謂ふ。必ずその國の神兵ならむ」と云うた。神國とか神兵といふ語は、こゝに始めて出現したのであつて、日本といふ國號も、こゝに始めてあらはれてゐるのである。

この神兵といふ意味は、或ひは多少の今日云ふ神兵といふ語と異るかもしれぬが、大本は一つである。わが皇軍の兵士は、みな神兵であつて、兵士を神兵として遇するといふことが、聖戰貫徹の第一義である。このことを我々は深く考へねばならぬ。皇后の御軍は神命を奉ずる聖戰であつたから、新羅王は卽座に神兵たることを悟つて、戰はずして服した。この場合、當時の皇軍が、敵に向つて、神國神兵の理を說かれたとは、少しも誌されてゐない。皇后はひたすら神教のまにまに、神意を畏んで進まれたに他ならなかつたのである。さきにも云うた如くに、この征伐のことについては、日本書紀にはさらに、子細にその前後が誌されてゐる。この三韓征伐の原因は、九州の熊襲が叛服常なく、これは實に背後に新羅があつて、彼が此の惡心をそそのかすのだと考へられたからであつたと云はれてゐる。しかも皇后の兵を動し給ふに當つては、つねに細大もらさず、神意にきかれてゐるのである。さうして御腹に御生す皇子の治す御軍に奉行遊したわけである。

この點について、賴山陽の「日本外史」の中に、わが兵制の古代の風としては、征伐はつねに、天皇を元帥として御自兵をすべ給ひ、皇親（親王）これが總督となられたものであつて、時には皇后が、天皇に代り行はせられたこともあつたが、兵權を臣下に委ね給ふといふことはなく、源平の武臣にしても、つねに敕命を拜して從軍したのであると事實を云つて、この精神を以て復古維新の方向を唱へた。さうしてこのことは御一新後に實現し、天皇大元帥として全軍を統べ給ひ、親王を總督に拜して諸道の征討軍は進發した。

しかし神功皇后が、天皇に代つて征戰を率ゐ給うたといふ點については、山陽の考へを一躍して進めて、この時の神敕を深く拜さねばならぬのである。なほ日本書紀には、この時御進發に當つて、全軍に下された御言葉をあげてゐるが、

吾れ婦女《タヲヤメ》にしてまた不肖《ヲサナシ》、然れども暫く男貌《マスラヲノスガタ》を假りて、强《アナガ》ちに雄略《ヲヲシキハカリゴト》を起し、上は神祇《アマツカミクニツカミ》の靈《ミタマノフユ》を蒙《カガフ》り、下は群臣《マヘツキミタチ》の助に藉《ヨ》りて、兵甲《ツハモノ》を起して嶮浪《タカキナミ》を渡り、艫船《フネ》を整へて以て財の土《クニ》を求めむ。若し事就らば群臣共に功《イサヲシ》有り、事就らずば吾れ獨り罪有らむ。既に此の意有り、其れ共に議《ハカ》らへ。

とあつて、これに對して群臣は「皇后天下の爲に宗廟社稷《クニイヘ》を安くせむ所以を計ります。且つ罪臣下《オノレラ》に及ばず、頓首、詔を奉る」と奉答してゐる。こゝに皇后の獨り罪あらむとの仰せは、自ら神意奉行の一大決意を申されたものである。臣下にもし神命を蔑みするものがあつても、その罪は御自ら負ふのであると申される意味であつて、これは近い御世々々も、又今の大御世の大御言にも、つねに詔ふところである。さうして我らが大詔を畏み奉戴するといふことは、かくの如くに敕し給ふ大御心を推慮り奉り、深く神意に仕へ奉ることである。卽ち大御心に祈り給ふところを、深く悟つて己をつゝしむことが、詔を奉《ウケタマハ》る一眼目である。さうしてまたこの御言葉を拜讀すれば、皇后の御人柄を、おしはかり得ると思ふのである。卽ち皇后の雄々しさが、同時に弟橘姫命の女性らしい御性を非常に多くもたれてゐたといふことを悟らねばならない。單なる男勝りの勇婦と云ふのは、當時の九州の土豪の女主に多くあつたと傳へられてゐるやうなもので、夷狄の風であつて皇國の風ではな

い。これは較べ申すもかしこきことであるが、事理を説き明すためにあへて云ふのである。なほ皇后は天皇御幼少の時代より久しく攝政遊ばされたが、つねに神意を畏み、神意を拝して政治を遊ばされてゐる。

我が女性の最も美徳としてきたことは、可憐にして典雅なものが、同時に貞淑の優美を備へてゐるといふことであつたが、それは允恭天皇の皇妃衣通姫によつて代表せられてゐる。允恭天皇は御歴代の第十九代に當らせらる。さきの應神天皇は第十五代にましました。

衣通姫は、古來より所謂美人と呼ばれる美しい女性の、典型として傳へられてきた。衣通姫のことについても、日本書紀に子細に誌されてゐる。その御歌、

わが背子《セコ》が來《ク》べき宵なり笹蟹《ササガニ》の蜘蛛の行ひ今宵しるしも

これは古來より廣く人に知られた名歌の一つである。歌意は天皇の臨御を待ち給ふ心をのべられたものであるが、このしづかな相聞の表現と、切なく深い心持は、日本の女性の永久なこひごころを現したものであつた。紀貫之が「古今集」の序文の中で、前代文壇の名家を評して、小野小町のことを云ふところで、小町は衣通姫の流なりと云うてゐる。この意味については古來より色々の論があるが、いづれも、史上有數の美人であつたといふやうなことは別として、この兩者はその歌心の上で通ふものがある。それは日本の女性のこひごころの、ほのかさを現した點だと考へられる。明治の有名な文人だつた黒岩涙香は、その「小野小町論」の中で、この二人の女性が、いづれも貞淑の美徳をもつてゐたといふことを、刻明に論證してゐる。操が高かつたと云うてゐるのである。

この涙香の考證は、なか〳〵獨創的なものであつて、又この「小野小町論」といふ本は、今日の人も一讀してよい名著である。特に女性にはぜひ奬めたいと思ふ本の一つである。さうして涙香の云ふやうに衣通姫のしとやかで、うつくしい性格は、單に高貴上流の女性だけの文化でなく、一般にわが女性に通じた風であつたことは、近世の戲作文學に現れる巷の女性の思ひつめた心持の描寫を見ても、十分に了知せられるのである。

上代の女性が、人間らしい熱情の自然を生々しく現したといふ近代文學の意見は、正しい解釋ではないのであつて、この種の、一見なよ〳〵として、しとやかな心もちの底にあつて、內實の輝くやうな強さは、萬葉集の頃より古い時代からすでにあつた女の文化である。しかもこれをさらに深く考へるなら、倭姫命、弟橘姫命と一貫して通じてゐる本質も、實にこゝにあつたのである。

ところが萬葉集の中で、製作年次のわかつてゐる最も古い歌は、磐《イハノ》姫《ヒメ》皇后が、天皇を忍ばして歌はれた四首となつてゐる。この天皇とは、第十六代仁德天皇の御事である。その四つの御歌は、

君が行きけ長くなりぬ山たづね迎へかゆかむ待ちにか待たむ
かくばかり戀ひつゝあらずは高山の盤根し枕《マ》きて死なましものを
在りつゝも君をば待たむうちなびくわが黑髮に霜おくまでに
秋の田の穗の上に霧らふ朝がすみいづ邊《ヘ》のかたに我《ア》が戀ひやまむ

この四首は、今日の文學用語で申せば、連作の歌とも云ふべく、御心持の移りゆきを通

つて歌はれたものである。よく味へば、味ふほどに、非常にすぐれた御歌であつて、磐姫皇后の御性格は、古事記にはよく描かれてゐるが、この第一首、第二首、第三首は、みな熱情のあふれた、激しい御心持を現す御歌である。第一は御身のおきどころもないさまで、天皇の御還幸をお待ち遊ばす御心持を歌つてゐられる。次のは、その御心持をかへりみられた作で、これほどに戀ひしく思つて心苦しむよりは、高山の巖を枕にして死ぬ方がよいとの意で、これも異常に激しい歌である。しかし第三首では、さういふ激しい思をさらに思ひ改められてしかしやはり黑髮が白髮になるまでも君を待つてゐたい、待たずにはをれぬと、切ない心持を大方におし靜められてゐるが、されどなほ歌の心は、人間の心をこめたきつく激しいものが味へる。しかるに第四首に到つて、これは實によい御歌で、わが國の歌のたをやめぶりの中の絶唱の一つと拜するのであるが、こゝでは、實に靜かに、沈みに沈んで、すでに人心をすつかり洗ひ去つたやうな、美しい御歌になつてゐる。

さうしてこの最後の一首を拜すると、さきの三つより、さらにきびしい深い御心持が味へるのである。人間の心の情熱を歌つた文學でなく、本當のいのちの歌心の現れが感じられる。大なるものに一つとなり、それはさらに云へば神と一つになつて、人間くさい戀心の果に無限に持續してゆくやうな、戀のしづかさに住すると云ふいのちにふれた感じがする。即ち初め三首では、人ごころでことを處理しよう、あるひは情熱で生きよう、などといふ考へ方が感情の根柢にあるが、こゝへくるとさながらいのちに住するきはの、極致の美しさが味へるのである。この深い切ない、さうしてしかもしづかでしとやかなものが、わが國風の女性の極致の思ひである。このいのちに卽したものの淡さは、人間的情熱の作がもつ强さにくらべると、どれほどに根と底の深いものかわからぬほどである。

しかしこゝで、この歌の心が、さきの衣通姬の御歌の心と一致してゐることを知らねばならない。普通に物語を讀めば、その性格殆ど相反するほどに考へられてゐるこの二方が、その根柢にあつては一つなるものの示されてゐることが、古典のありがたいところである。けだし衣通姬が、獨居されつゝ、ふと眼についた蜘蛛の行ひに、大なるいのちと思ひを味ひつゞけられた心の情は、磐姬皇后の激しい御心から歌はれた御歌の果に、第四首目でたどりつかれた御心持と全く同じものである。こゝで我々は、日本の古典時代の女性が、激しい人間的な情熱の果に何を見、何を思つて生きたかを知り得るのである。人間的情熱だけで戀を生きようとしたのではない、又運命觀的悟めによつて生きようとしたのでもない、さういふものとは全く違ふところにあつたわが國のいのちを悟るためには、これらの古典時代の詩歌を、心をこめて味はねば、たうてい能はぬことである。

さうして人間の立場のみしか考へなかつた近代文學風の解釋から、わが上代女性の性格を謬り考へてゐる人が、その考へ方を改めることを、こゝで自分は希望するのである。またかうした情を、節度の美と云つたことばで云へるならこの節度といふ概念は、殆ど普通の道德論の體系の中にはないもので、いのちの道にふれた感覺だと、考へねばならないのである。

四

允恭天皇は、寳齢御八十一歳で崩御遊ばされた。即位四十二年正月である。新羅王はこれをきいて、驚き悲しみ、調船《ミツギブネ》八十艘及び種々の樂人《ウタマヒヒト》八十人を貢《ミツギ》に上つた。一行は對馬の泊《トマリ》（港）について、大いに哭した。筑紫に到着するとこゝでも亦大いに哭した。かくして難波津に入港し、こゝで一同は素衣《アサノキヌ》に着かへ、調物《ミツギモノ》を全部獻げもち、種々の樂器を張つて上京し、都に入つてからは或ひは哭し泣き或ひは歌ひ舞つた。この時はなほ殯宮中であつた。

この一行が喪禮のすべてを終へて都を離れたのは十一月であつた。彼らは滯京中、都の近くにある耳成山と畝傍山に見なれてゐた。彼らは大和を去つて行つたが、琴引坂に到つた時、大和のことを思出して、「ウネメハヤ、ミ、ハヤ」と唱へた。これは習ひ覺えた大和言葉を使ひたいのでかく云うたのである。卽ち「うねびはや、みゝなしはや」と云ふつもりであつた。さうして事實彼らは、畝傍耳成といふ二つの山をなつかしんでゐたのであつた。しかし彼らの日本語は訛つた不完全なものであつたので、こゝで事件を起した。

それはこの新羅人の嘆きの言葉をわが下級の官吏がゐて聞いて了つた。さうして彼は、これは新羅人と釆女《ウネメ》との間に何ごとかがあつて、それで「釆女はや」と別れを歎いたのに違ひないと早合點をした。そこでこの下級の官吏はこれを朝廷へ訴へ出たのであつた。朝廷では忽ちに新羅の使者を禁固せられて、推問せられたが、事實は「畝傍はや、耳成はや」

にすぎないことがわかつた。

この釆女といふのは、宮中で天皇の御傍近に仕奉つた重い任であつた。主に膳部のことに携つてゐた。上古に於ては、この大御膳《オホミケ》に仕へ奉る役は非常に重い役とされてゐた。これは神話をみても、上古の史籍を見てもわかることである。祝詞の中でも、最も重い職掌として扱はれてゐる。職掌の高低感といふものは、時代によつて異り、平安時代には武官が文臣の下についてゐた。武家時代になるとこれが實力の上で一變した。一つの政權の場合でも徳川の元祿時代になると、幕府中で官僚派と武人派に別れて、文官的なものが威張り出した。しかし上古では武臣より、大膳職に仕へ奉る者が重じられたのである。これは素樸に考へると理由のわかることであるが、理由がわかつても異常な感がすると思ふ。しかし異常な感の有無は問題でなく、事實は事實である。

鎌倉時代以前の源平武士なら、幕府の武士が朝威を畏まずに威張つた理由を理解し得ないであらうし、北條時宗が元寇を擊退した時、漸く正五位下に敍せられてゐたといふことを、今の人は信じ得ないことだと思ふ。しかしこれは時宗が勳功の名譽を望まなかつたのがえらいといふわけでなく、時宗の時代は國難を退けたら何に敍せられるのだらうか、などといふことは夢にも考へず、當時の武士は位の高さを希むといふことを知らなかつたのである。むしろ畏れてゐたのである。

我々一般の民も、今もかういふことは知らぬのである。民草はつねに神や天皇の御尊貴に仕へ奉る心を以て生きれば、自ら大安心があるからである。源平時代の武士なら、皇族の御近くに近づいただけでも感動し、この君の爲ならばと死を決したのである。幕府初期の武士でも、天皇の行幸を拜して、萬一お眼にとまつた時には、この君の御爲に死にたいと感動した。その代りに當時の武士は、大臣大將のまへでも、この君のために死にたいと考へたが、今ではこの感がなくなつて、たゞひたすら天皇の御邊で死にたいと歌つてゐる。これは昔より今が、道の正しくなつたしるしとも考へられる。

しかし明治の初めには、なほ古い風があつて、或る人が西郷隆盛に向つて、少將に任ぜられたについての覺悟を聞いたところ、西郷は事もなく、「貴下の爲に死ぬといふ者が七千人位もあれば、少將として天子樣にお仕へできるだらう」と答へたといふことである。當時西郷は大將だつたから、その勘定でゆくと、大將のために死ぬ若者の數は何萬人かわからぬわけである。しかし孔子には最後までついて行つた子弟は何人もなかつた。

親鸞や日蓮でも、この人のために死んでもよいと思ふ大衆を、いつも何百何千ともつてゐたが、大體それらは、昂奮した雰圍氣の作る群衆で、いはば浮動した政治的群衆だつた。生涯終生を貫いた者は、十名ないし卅名である。こゝが人物の大小は棺をおほうて後に解るといふ意味である。卽ち十名から卅名位の、さういふ眞の信仰者をもつ人なら孔子や日蓮や親鸞や、ないし家康のやうな天下を取る事業が出來るのである。しかしこれらの天下を取る事業は男子が亂世を生きてゆく英雄の道だが、さういふものは、なほ君に仕へ奉る道に比べて虛しいものであるといふことを、今日の人々は男も女も悟らねばならぬ。

これも餘談だがついでに云ふことは、天下を取る人の物欲といふものは、尋常の物欲でないのである。近年來の贅澤や虚榮の根柢と原理は、せい〴〵以前の金高で二三百圓の月收を土臺としたものであつた、さういふ土臺の上で出來る贅澤や享樂を指導する文學者が、舊來は婦人雜誌にものを書くのを得意としてゐたのである。しかし我々はさういふ種類の文人でなく、さういふ物欲思想の上に、天下國家を對象とする大野望といふもののあることを教へ、さういふ關心で描かれた文章のよみ方や所在をも教へ、さらにその上で道に仕へ奉る本當の美のあり方をよみとるすべを教へたいと考へてゐるのである。か丶る意の下に日本女性語錄を概略考へてみると、日本女性の中には、神に仕へ奉るやうな氣持で美をなした人が多い。このことは形の上の神信心を云ふのでない。さきに記した磐姫皇后の「秋の田の穗の上に霧らふ朝がすみいづ邊のかたに我が戀やまむ」などの歌は、これは心から神に仕へ奉つた狀態の歌である。戀ごころもこ丶までくれば、人ぐささは微塵もないのである。

さらに日本女性の中には、天下取りの大野望をもつた女丈夫が、あらゆる時代に出てゐる。これらは男の大政治家に少しも劣らぬ女であつて勿論手本とすべきものでなく、なし得ぬものであるけれど、今日の物に對する考へ方や、物欲は、この人々の立場で考へると極めてなさけないものと思はれるにちがひない。

最低生活に甘んじるといふことは、今日の情勢に順應することでなく、志と批判を確立することである。戰時中だからと云うて、贅澤を停止しようといふだけでは、日本女性の明日の道ではないのである。我々が最低生活で結構だと淡々と云ひ得ることは、實に君に仕へ奉る志をかためることである。勝つまでは欲しがりませんなどといふやうな、なさけない氣持は、敗戰思想を入れる隙を見せてゐる。贅澤は敵だといふことばにしても、近ごろの日本人の考へたやうな贅澤を敵とする位では、未だ敵の贅澤の强さはわからぬのである。日本の近來の婦人文化の指導した贅澤や虛榮や享樂といつたものは、敵ともならぬ以下のもので、何ら問題にせずに、一蹴してきたのちの氣概から事を始めなければならぬ。それが女らしいしとやかさで、贅澤は敵だとか、勝つまでは何とかとわめき云うて、近頃の賣文家の敎へた贅澤などを敵として扱ひ、しかもそれもたゞ口やかましくさわぎ廻つてゐるやうな連中は、なほそれらのものと根柢一つの者である。近來のわが婦人文化の培つた贅澤や虛榮や享樂位を、今にして一蹴し得ないやうなことでは、米英の眞の贅澤を敵とする氣概のわく筈がない。今日はすでにさういふものの殘存がないと思うてゐるらしいが、さういふものは言葉對象の物が變つて現れてゐる。形や對象や關心がちがつてゐるだけである。今日はさういふものが、勤勞とか產業報國とか戰爭といふ、時局下絕對の言葉にかくれて充滿してゐるのを見て、私は愁然としたのである。私の文章に多少難解なところもあるかもしれぬのは、さやうな媚びた輕さを口にしてゐるのではないからである。媚び諂してはをらぬからである。

このごろの文化人といふ人々は、正坐して聖賢の書に向ふといふ家庭教育を忘れたのであらう。少國民向物とか婦人向物といふ分類名で、正坐すべき典籍を家庭より一掃しようとしてゐるとも思はれる事實に、私は愁然となるのである。私の此の文章の中には、俗談平語も多いけれど、寝ころんでゐるものが起上らねばならぬやうな文章が、しきりに出てゐるのである。

古典とか古の傳へ事は、さやうなものである。誰が何をしたとか、何を云つたといふことを教へることは、むしろ第二義である。寝ころんでゐる讀者を起上らせ、正坐せしめる文章のあり方を教へ得れば、殆どわが使命は達するのである。しかしかしこく美しい古來日本の家庭の女が、恐らく寝ころんで書をよむといふことはないと思ふ。肘をつける形の美しさまで藝として習つてきた日本女性に、脛を組んで小説本をよむ形を教へたのは誰であるかを囘顧せねばならぬ。惡い思想の成果は政治力で斷壓し得るのである。しかしそれを脚を組んだといふ狀態の時に禁じておかなければ、文化の政治とは云へないのである。芝居役者や小說作者の指導力は、思想家の指導力より大きいものである。今では女ことば女うたの美しさも少くなつたが、形の美しさも少くなつてゐる。

話は變るが、勤勞の終局の目標を何に考へてゐるのであらうか。少くとも今では、愛情と貞節が、勤勞の根柢である。しかしこれではなほ終局とならぬのである。今日の愛情は、夫婦、戀人といふ相對關係を基礎づけるけれど、それ自體の中には歸一する創造力の原理はすでにないのである。なほ原理があると强辯しても、その觀念は現實に原理としての威力を失つてゐるから、頹廢への自滅的過程にすぎぬのである。思はぬ餘事に亙つたけれど、以上のことも本篇の趣旨と無關係ではないことである。

こゝで始めに歸つて、新羅の使者の罪は、忽ちにはれたけれど、これより新羅人は我國を恨み、貢物の種類も數も減少したのである。この原因を尋ねると、下級官吏の輕率もあつたけれど、下級官吏はこれがその精一杯の働きで、又分相應の本分を盡したと云はねばならぬ。下級官吏にはその分があるので分以上は人爲として成立たぬのである。下級官吏に大臣の明識を要求する方がよくないのである。それ故結局に於て、ここは新羅の大使が、輕い人物であつたことがよくない根本の原因である。たとへ彼が日本語を十分學んだとしても、それを口にするについては愼しみがなければならぬのである。この新羅の大使は輕い人物であつた上に本心に媚びへつらふ性質をもつてゐたから、その本心でいらざることを口にしたのである。さうして結果としては、我も失つたが、彼の失つたものがさらに多いのである。これを當時の他の史實の方からみると、新羅關係がこの頃から惡くなり、百濟が媚びてくるのである。上代の外交問題は相當複雜であるが、この話もやはりさういふ時の一つの插話と考へられる。しかし今もあることで、むげに古の素樸な話とは申せぬ。

これはとりとめない話のやうであるが、「日本書紀」に記錄されたことがらであるから、古來の日本人はこれを大なる教の一つとして學んできたのである。今日でも我國人はよく注意しなければ、かゝることに出會ふと思ふ。趣は異つても、かういふことはあるのである。これは近來の外交史には、いくらもあつたことである。結果の原因を問へば、一語の問題でないかもしれぬが、原因を未前にとざすのも、誘發するのも一語である。

このことは我國の言靈の信仰心よりははるかに低度な世俗界の眞理である。しかしこの世俗界に通じなければ、なか／＼その上には到らぬ。なほこのことについては、雄略天皇の御記の、「悪事《マガコト》も一言、善言《ヨゴト》も一言」と申された一言主大神のことにふれたいが、それは次の段で云ふこととする。

我國の古典といふのは、神代のおきてとしてのてぶりを傳へ、神敕神語を錄したものであるから、神裔萬世一系の國體の根本である。これを拜讀するといふことは、實に國民の務めである。それは基督教國でバイブルを必讀書とし、法治國で憲法を必ず學ぶのと同一である。されば我國でも、上司として立つものは、わが古典を必讀すべきであるが、果してそれが行はれてゐるかといふ點に私は疑問をもつてゐるのである。國體の根基を示す古典を知らずして政治をなすことは、政治に仕へるのでなく、政治を扱ふにすぎない。こゝで古典といふのは、「古事記」、「萬葉集」、「祝詞」、「日本書紀」、「古語拾遺」、「宣命」「風土記」の類である。さうしてこれらは、現代の專門學者といふ者の解說書のみで知らうとするなら、もう讀まない方がよいと思へるところにきてゐるのである。その眞義を傳へるには、その人々は靈異と言靈を信じなさすぎるからである。靈異といふのは、神の畏こく奇しき働きである。さうしてその人々は、己の信じ難いものを何かと說きくるめようとの努力に專心してゐるにすぎぬのである。

こゝで言動語錄の教へとなる古典を、祝詞の中からひいてみよう。「延喜式」は名の如く延喜時代の古典であるが、我國の法曹の上で、最も大切な古典の一つであつて、この「延喜式」の神祇の部に、神祇官で奏した祝詞を例擧してゐる卷がある。これを普通「祝詞式」と呼び、「祝詞」と文學史上で云ふのは、この「祝詞式」に所載された祝詞を申してゐる。

祝詞の語義は、神代より傳つた神語あるひは神敕といふ意味と、神祭に人より神に申す語を呼ぶ名といふ兩方が考へられ、事實祝詞の中にはこの兩者をふくみ、天皇の敕も大體祝詞と同一性質をもつてゐる。しかも祝詞の根幹は神代の古語と考へられ、所謂「天つ祝詞の大祝詞事」なる神の咒言を唱へることが、祝詞の本質であつた。さうして神を祭ることは、この神語なる祝詞を神に奏上し、幣物を完全に仕り終る時に終了するのである。この「祝詞式」の中に「御門祭」の祝詞があつて、これは成立も古いものであるが、櫛磐牖命《クシイハマトノミコト》豐磐牖命《トヨイハマト》二柱の神を祭る。

　櫛といふのは「奇《クシ》」の意で、天上の靈妙なるものを呼び、「磐」は堅いものである。又牖《マト》といふのは眞門《マト》の意だと云はれてゐる。豐は主として地上の豐かなものである。この祝詞は「櫛磐牖命、豐磐牖命と御名を申す事は、四方《ヨモ》内外《ウチト》の御門《ミカド》に、湯津磐村《ユツイハハラ》の如く塞《サヤ》り坐《マ》して、四方四角《ヨモヨスミ》より疎《ウト》び荒び來む、天の麻我都比《マガツヒ》と云ふ神の云はむ惡事《マガコト》に、相まじこり相口あへ賜ふ事無く。上より往かば上を護り、下より往かば下を護り待ち防ぎ掃ひ却《ヤ》り、言ひ排《ソ》け坐《マ》して、朝は門《ミカド》を開き、夕《タ》は門を閉てて、參入《マヰイリ》罷出《マカリイヅル》人の名を問ひ知し咎過在《トガメアヤマチア》らむをば、神直備《カミナホビ》大直備《オホナホビ》に見直《ミナホ》し聞直し坐して、平らけく安らけく仕へ奉らしめ賜ふが故に、豐磐牖命、櫛磐牖命と、御名を稱辭竟《タタヘゴトヲ》へ奉らくと白《マヲ》す」とある。最後の御名を稱辭竟へ云々の句は祝詞に特有な句で、即ち幣物を奉り祝詞を奏し祭り終つたとの意味である。この二柱の神は、神武天皇大和平定の時に、皇祖二神の神教によつて祭られた神の中にあり、この祭も、その肇國の日の國ぶりを傳へる重い祭の一つで、つまり代々のみかどの御初めて宮殿を作つてこれを祭る時の祭の一部で、この祝詞はその時に奏せられたのである。

さてこの二柱の神は、御門を守護され、つねに大磐石の如く入口にふさがつてゐられるが、四方八方からくる禍津日神《マガツヒノカミ》の云ふ惡事《マガゴト》に對して、どこから來ても、これを待ち防ぎ掃ひ却るために、或ひは天にのぼり地にもぐり、四方八方に活動されるのである。大磐石の如くにどつかと坐してゐられる神が、或ひは空に昇り地中にもゆくといふことが、この神の靈妙なところである。なほ禍津日神とは黄泉《ヨミ》の穢より生れ給うた神で罪咎惡などに關する神である。

しかもこの二柱の御門の神が、惡神の云ふ惡事に對して御門を守られるさまは、「相まじこり相口會へ賜ふ事無く」とあつて、これは先方の云ふ惡い事に心を動かさぬ、又向うの考へ方や論理で對抗せぬといふ意味である。例へば、日本は何々のやうになるぞ、と云ふやうなことを云うてきたとき、それが惡いことで、あり得ぬこととわかつてゐても、向うの云うたまゝの惡事《マガゴト》をそのまゝとつて、自分の口からこれを云ふといふやうなことをせぬ。さうした形でうけ答へするといふことは、心を動かした證據で、これがいけないといふ意味である。相口會へるといふことは、今日の言葉でなら、先方の論理をとつて先方をやつつけようといふ行き方、ないし先方の論理によつてわが道を納得させようといふことで、これもよくないといふわけである。今日の世相を見ると、私には今日の人は、この神代の神教に相反するやうなことばかりしてゐるやうに思はれるのである。

しかしこの態度は、たゞ沈默してゐる態度でなく、次の「言ひ排ける」といふ働きの根柢となる。この二柱の神の御はたらきを、つら〳〵考へるのに、けだし今日の文化や思想の戰ひの原理として拝せられる。又「言ひ排ける」といふことは、單に肩で風斬る形のみを考へてはならぬ、硬柔自然に従つて、これも言動語録の根本の教へである。但し女の場合は、多少こゝでおのづからに思ひつめたものの現れるのは止むを得ぬかも知れぬ。

この御門の二柱の神は、その御状形《カタチ》、御功用《ハタラキ》いづれも極めて印象ぶかく、今日文學思想に携はるものの重い教となる神である。大磐石の如くにふさがつてゐられて、しかも忽ちに四方八方にとび上りとび廻り、しかも敵の言論はこともなく云ひ排けるといふ如き、大思想人は今日世界のいづこにも見ぬところである。しかもその神の表面を見ると、朝夕の門の開閉を司られ、参入退去の官人を記録し、彼らにとが過のあるときは神直日神大直日神の御靈の御助で、「見直し聞直し」、朝廷に平安に仕へ奉るやうにしむけられる。こゝでこの祝詞の神直日大直日は、その神の御名を申すのでないと云はれるが、見直し聞直すことは、いづれにしてもこの神たちの御靈の助けに洩れぬのである。今日普通に見直したといふやうな時にも、必ずこの神の御靈をかゞぶるものである。さて御門の神はいはば御門守の職に當られるのである。この職も今の世の考へで云へば、兵營の歩哨に多少その權威の俤を殘す他は、最も低い權威しかもたぬものとなつてゐる。しかしかゝる雄渾な神が、かやうなそこはかに思はれがちの職についてゐられることが、自分にはなつかしいのである。我々も大なる道を思ふ日に、このなつかしさに生きたいと思ふのである。御門に神がいますといふことを考へ、かういふ神のありさまに立脚した人生觀に生きることを、自分は自他に望むのである。一段あらはに云へば、御門守は神であつたが、顯官高位、必ずしもみな神でなかつた。こゝも今の御門守として、なほ神の如しといへば、しばしば今の世に見るものである。

五

允恭天皇についで安康天皇即位せられ、ついで雄略天皇の御代である。この天皇の御宇には、さま〴〵のことがあつて、國史の上でも旺んな時代であつたが、天皇は殊に畏き大君にましましたので、そのことがさま〴〵の物語として傳つてゐる。この天皇は、長谷朝倉宮に都をつくられたが、こゝは初瀬から櫻井へ出る中間、今朝倉村黒崎と云ふあたりで、土地のよいところである。

萬葉集の開卷の冒頭に出てくるのも、この天皇の御製であつた。さて記紀の傳承によると、いたつて畏き天皇にましましたが、萬葉の大御歌では、春の野に出て若菜採む少女によびかけられた、極めて御やさしい、御ゆたかな大御歌である。その中に「家告らせ、名告らさね、そらみつ大和の國は、おしなべて、吾《ア》れこそ居《ヲ》れ、しきなべて、吾《ア》れこそ座《マ》せ、吾《ア》をこそ、背とは告らめ、家をも名をも」とあつて、萬葉の第一首と拝するにふさはしい、大御世ぶりの大御歌である。

この御製によつても拝しうるやうに、古は少女が男に答へて、名を告げるといふことは、非常に重大な意味があつて、それは妻となる受諾を意味してゐた。但しこゝでわが名とともに、「家を告る」といふことが、さらに重い意味があつたことを考へて欲しい。こゝ一二年來、世相と風俗は一變し、日本の土着のものが忽ちなくなりつゝあつて、一般にも代りの新しい道徳を考へてゐて、まだ思ひつかぬありさまであるが、我らの求めるところは、さうした時宜の新しい道徳でなく、古い神代ながらの傳へを、心から大切にする決心である。大體に新しい道徳と云ふやうなものはあるべきものでない。わが國がらの根幹は神代ながらを傳へるといふことである。

明治御一新のころには、國事の先頭に挺身した志士が多かつたが、それらの人と別に、各地に重い人物が多數ゐた。彼らは何をしてゐたかといふと、時勢に頓着せず、自分らの天職を堅持して農業や林業に從つてゐたのである。この人々はよく神を祭つたが、又自分らの務めは高天原から悠久に傳へてきたものと、考へてゐたやうな頑固な人々であつた。けだしこの考へ方が天職といふ意味であつて、このやうな鈍重無雙の生活觀が、國の根柢となるものであつた。御一新の時代の動亂に際して、眞の國の道徳の根柢や最下のものを支へたのは、これらの人々であつた。彼らは道徳についてロにしたのではない。理窟を云つたり、演説したりしたのではない。又觀念的に道徳維持を決心したわけでもなかつた。たゞ天職に生きるといふひたすらな生活が、最も大切な底邊を支へたのである。このことを今日考へると、今日では以前天職と考へられたものが、大體に機構として組織され、近代的給料生活の體系によつて、大方全國が統一されて了つた。こゝで我々の保守の考へ方が観念的になることも、観念にたよる原因も、みなこの實状にあつて、又このことをよく考へておかないと、観念にたよつた思想や運動の弱さが、目のまへに近くあらはれてくる時に狼狽すると思ふ。

このことは今日の精神の上での問題であるが、現實の實相が、観念化してゆくのだから、問題が難しくなるのは當然である。しかしこゝで家に於ける女性の生活状態を思想的に考へると、彼女らの心のおき方身の處し方によつて、なほ不動のものを持するに足る状態は皆無でなく、それをわきまへた自然の生活の立て方によつては、俸給生活によつて、食や生産と離れてゐる男子より、不動な精神状態に住し得る餘地なほ十分である。この意味で、私は、近い御一新の時に、天下を支へたものについて語つて、女性の目下の覺悟のめざすところを考へたいのである。個々人が最も大切なものを支へるといふことは、最もおのづからな生き方をすればよいのである。

さて初めの御製の中で、往古の日本の女性の風習についてふれたが、近代ではさういふものは、女のしとやかさとして保ち守られてゐたものである。しかし最近はかういふ點で、内外雜多の見地から、これをくづさうとし、時代的に積極的な面に向ふために、これをくづす方がよいと考へてゐる者も多い。若い女性が世の中へ活潑に出てゆくといふことはこれは今日國家の要求するところであつて、また出るのが當然である。しかし一方では昔から傳つた大切な婦人の美徳といふものを、さういふ進み方の中で守つてゆくことも必要なことだし、又さういふ代々の美徳を、一段と旺んにし、それを以て今日の創造力の根幹とすることが、さらに重大なことである。

私の日本女性語錄の意趣は、今日の積極的な女性組織家たちの考へる日本女性觀とは異つて、日本の神代より國史を通じての女性史を考へ、日本女性の美德や性狀が、今日の戰爭下で、どこの國より勝つた創造力と積極性をもつといふことを明らかにしたい意企である。さうして露西亞や獨逸の風儀で、新しい女性組織を考へてゐる者らに對抗するつもりである。大體に於て、日本女性史が積極性に缺けてゐるから、異國の風によつて積極に事を行はうと說く徒は、何といふよりも日本の歷史も女性史も知らぬ者である。たとへば政治家といふやうな面からみても、日本女性史には、何人かの大政治家があつて、これらの者で今日の國際政界に出す時、殆ど世界に匹敵する者が少ないと云へるほどの人物は、五人位あるものと思はれる。しかし我々はかういふ女性政治家が、日本の創造力の根柢となつたとは考へぬし、一見こそ積極的に見えるが、然らずしてそれは現世的な物欲現象の激しさにすぎず、眞の創造力でないといふことは、一般現實に通ずることだがその人々を語る折に云ふ。

さて雄略天皇御宇は、我上古史上で、一劃紀であつた。文物起り、異國物產來朝し、又國威海外にひろまつた。かくて歷史は豐富になり、物語はさかんになつてゐるから、おのづから女性も多く現れた。誰でも知つてゐる、少子部螺蠃とか、秦酒公、あるひは浦島なども、この天皇の御代の人物である。それらの著名の物語的人物をみても、如何に豐かな御宇だつたかゞ、ほゞわかるであらう。

ところが女性の方で第一に現れるのは、稚足姫皇女の清純な御悲話である。皇女はまたの御名を栲幡《タツハタ》皇女と申された。天皇の三年に、素行上のことで誣られ給ひ、天皇が勅問されたところ、何ら辯解し給はず、この事について全くの無實によつて冤死した。廬城部連《イホキベノムラジ》武彦《タケヒコ》のことも聞かれたが、たゞ「妾《ア》は識らず」とのみ申され、その他のことは何一言も申されなかつた。このことは、御心持として非常のことである。しかし何ら辯じられなかつた代りに、皇女は生命を以て證《アカシ》をされてゐる。「識らぬ」と云うてすますのでなく、その已の言葉を生命を以て守り證せられたのである。これが恥辱に處す日本人の古來の態度、志であつて、同時に一言しか云はぬ日本人の心意氣である。

かくて皇女は、たゞ一言ののちには、御口をとぢられて、あとは冤死した者のために、泣血數行されたが、忽ち神鏡を持つて、五十鈴河上にいでまし、人の行かぬところにその神鏡を埋め奉り、御自身もそこで經死された。この神鏡については、古來からいろ〳〵のゆゝしい說があるが、たゞ何となく皇女の大切にされた神鏡と考へておいてよいと思ふ。天皇は皇女の御跡を求め給ひ、とかくするうち、この神鏡の埋められたところから、蛇の如き虹がたちあらはれ、その長さ四五丈、これによつて御死體は發見され、割き檢めて、こゝに無實が實證せられた。此の皇女は性狀多少女らしくはげしくいましたやうであるが、この物語は思ひつめた清純で悲しい。女性も恥辱に處す道に於て何ら劣らぬ點を示されてゐる。

天皇が葛城山中で、一言主大神に遭はれ給うたのは、この翌年春であつた。もつともこれは日本書紀の年次である。このことについて、こゝに古事記に出てゐる文章をひいてみると、「またある時、天皇葛城山に登り幸でませる時、百官人《モヽノツカサノヒト》どもこと〴〵に紅紐《アカヒモ》著ける青摺《アヲスリ》の衣を賜はりて著たりき。その時その向ひの山の尾より、山の上に登る人あり、既に天皇のみゆきのつらに等しく、その裝《ヨソヒ》のさま、また人どもも、相以て別れず。こゝに天皇見遣らして問はしめたまはく、この倭國に、吾を除《オ》きてまた君は無きを、今誰ぞかくて行くと問はしめたまひしかば、答へまをせる狀も、天皇の大命《オホミコト》の如くなりき、是に天皇いたく忿《イカ》らして矢刺《ヤサ》したまひ、百官の人どもも、悉に矢刺しければ、かの人どもも皆矢刺せり、かれ天皇また問はしめたまはく、然らばその名を告《ノ》らさね。おのも〳〵名を告りて、矢放《ハナ》たむとのりたまひき。是《コヽ》に答へまをさく、吾《アレ》先づ問はえたれば、吾先づ名告りせむ。吾は惡《マガ》事も一言、善言《ヨゴト》も一言、言離《コトサカ》の神、葛城之一言主大神《カツラギノヒトコトヌシノオホカミ》なりとまをしたまひき。こゝに天皇畏みて白《マヲ》したまはく、恐《カシコ》し、我が大神、現御身《ウツシオミ》まさむとは、覺らざりきと白して、大御刀また弓矢を始めて、百官の人ども服《ケ》せる衣服《キヌ》を脫がしめて、拜《ヲロガ》みて獻りき。かれ一言主大神、手打ちてその捧げ物を受けたまひき。かれ天皇の還ります時、その大神、山を降り來まして長谷の山ノ口に送りまつりき。かれこの一言主大神は、その時にぞ顯れませる」

この一言主大神の「惡事も一言、善事も一事、言離の神」と申された意味は、この神の一言によつて惡事も善事も解放離《トケサカル》といふ意味で、惡事をときさくることはともかく、善事を解きさくるとは如何なることかといふのに、この神の御怒によつては善事も忽ち解け離るといふことであらう。まことに畏き大神である。なほこの神が手を拍つて天皇の捧物をうけられたとあるが、拍手はよろこんでする所作である。神拝の拍手ももとは、よろこびを現す所作よりきたものである。つまり食膳に向つて手を拍つことは、酒宴で手をうつことと、同じところからきてゐるわけである。

なほ日本書紀に出てゐるこの時の話は、大體似てゐて、少し異つてゐる。天皇との御問答のところで、この神は、「現人《アラヒト》の神《カミ》ぞ」と申されてゐるが、これは神が大御身を現はされたといふ記の文に意味が通ずる。しかし書紀では、終日天皇は神と共に、鹿を追ひ給うて御遊びせられたとある。

さてこの一言主大神の靈異は、一言で凶事を去り善事を去るといふことだが、まことに畏き神である。けだし今日でも、一言が人を活かし人を殺す事實を見るが、それらはみなこの神の御働きである。それらのことはみなこの神の治すところであつて、その恐き大神が、現大御身を現はされたのが、雄略天皇の御宇であるから、これは日本人の語録を考へる上で忘れてはならぬことである。

雄略天皇御宇の女性の物語の中では、引田部赤猪子《ヒキタベノアカキコ》のことが最も廣く知られてゐる。これは近頃も大鹿卓氏が、よく描き改めて誌してゐるから、若い女性も若干はよんだことであらう。大鹿氏の「かしはらをとめ」といふ本にもあつたと思ふ。この赤猪子は、少女のころに美和河のほとりで衣を洗つてゐると、天皇の御眼にとまり、その名を問はし給うて、「汝《イマシ》嫁《トツ》がずてあれ、今召してむ」との詔を拝したのであつた。赤猪子はこの大御言を信じて、その日を待つうちに、つひに八十年をへた。すでに老い衰へたので、今更に恃みはなかつたけれど、たゞかくまで久しく待ちつゝ暮してきた事實を申上げねば、つひに心安まる時がないと思ひ、獻上物をもつて參朝すると、やはり天皇はすでにさきに詔り給うたことはすべて御忘れになつてゐたのである。赤猪子を御覽になつて、「汝は誰やし老女《オミナ》ぞ、何すれぞまゐ來つる」と問はし給うた。赤猪子は「その年のその月に天皇の命を被《カヽフ》りて、今日まで大命を仰ぎ待ちて、八十を經たり、今は顔既に老いて、更に恃みなし、然はあれども、己が志を顯はし白さむとしてこそ、まゐ出づれ」と申上げた。天皇はこれを聞召して、古のことを回想せられ、その操にいたく感動遊ばされて、「召さまく欲しく思ほせども、その甚しく老いぬるに憚りたまひて、得召さずて、御歌を賜ひき」と古事記に出てゐて、

御室のいつ白檮《カシ》がもと白檮がもとゆゝしきかもかしはらをとめ

引田《ヒケタ》の若栗栖原《ワカクルスバラ》若くへに率寝《ヰネ》てましものを老にけるかも

と二首の大御歌を賜つた。この悲しいことを思はせる御製を拜して赤猪子は泣く涙に、着物の丹摺《ニスリ》の袖が透るばかりであつたが、御答の歌を奉つた。

御室に築《ツ》くや玉垣築きあまし誰にか依らむ神の宮びと

日下江《クサカエ》の入江の蓮《ハチス》花蓮身の盛り人ともしきろかも

この赤猪子の歌も悲しくて、かつよい歌である。さきの稚足姫皇女の悲話とは、趣としては悉く別であるが、一脈の清らかさが相通うてゐる。この歌のこゝろは、まへに語つた磐姫皇后の御歌にも似てゐる。誠心の通つた歌ごゝろや物語は、その點でみな一つのものである。古事記にはこの四首の唱和を、靜《シヅ》歌と云ふと言うてゐる。靜歌とは靜かに歌ふ歌

である。

御製に、この老姫のことを「かしはらをとめ」と申されてゐるのは、かつて少女の日に召さむと思召されたから、をとめと呼ばしたのであるが、この御調を味ふと、この老姫の心のすがたが、ゆゝしく嚴《イツ》しき橿の老木の如きであると形容遊したのであらう。嚴しく橿の如きをとめといふ形容は、これを今日にてらして考へると、やはり心をきは立たせるほどにゆゝしく思はれる。つまりは人ごころを離れ去つたものが味へるのである。しかしこれをとり出すと、なか〳〵にめづらしい美の觀念であつて、人一生にまれな心持の一つである。

この天皇の御事蹟御性行は、記紀をひらきくらべると、そのへだてを感じ、けだし史實の趣きをかへて誌し奉つてゐるが、記の御傳の方がありがたく拜せられる。またこゝには他にも三重の采女と春日之《カスガノ》袁杼比賣《ヲドヒメ》の物語が出てゐる。浦島子《ウラシマノコ》の物語も、日本書紀では、この天皇の御宇に常世國《トコヨノクニ》に到つて、仙人に交つたとあるが、これが後の浦島太郎の物語の發端で、この浦島子の物語は、日本書紀、萬葉集、などといふ重い古典に誌され、すでに書紀の出來たころには、一篇の物語が別に誌されてゐたやうである。さうして後世にも長く語り傳へられ、宮中でも詩歌の御會につねに同想せられてゐる。

さてこの物語の變化したさまを、時代を追つて誌してゆくだけでも、大方日本文學史の大綱を語るに足るほどのものである。

日本書紀に現れたところでは、丹波國餘社《ヨザ》郡管川《ツヽカハ》の人水江浦島子は、浦に釣して大龜を獲たところ、これが女に化《ナ》つて、つひに夫婦となり、ついで共に蓬萊國《トコヨノクニ》に到つたことになつてゐる。蓬萊國は、とこよの國とよんでゐて、これは南方の國とも云ひ、海底にある國とも云ふ。

しかしこの浦島子の物語は、後の「丹後國風土記」に出てゐて、これも殘つてゐる。この丹後國風土記の全巻は傳つてをらぬが、斷片として二つのめづらしい物語が傳つてゐる。一つはこの浦島子の傳説で、今一つは和奈佐の天女《アマヲトメ》の哀れな物語である。風土記の作は、奈良時代のものだが、この浦島子傳説の記述をみると、漢文の體にもなか〳〵凝つて誌されてゐて、面白いものである。この中には浦島子の仙都訪問の話や、仙女離別のことなど刻明にしるされ、最後に浦島子の玉匣《タマクシゲ》を開いた後の物語があつて、これは一般の浦島物語で語られぬところになつてゐる。その話は、浦島子が玉匣を開けると、忽ち芳しき蘭の如きものが、風雲に率つて蒼天にひるがへり、こゝに浦島子はさらに悲んでたもとほりつゝ、涙を拭つて歌つた。

常世べに雲立ちわたる水の江の浦島の子が言持ち渡る

すると空中から美しい聲で答へるものがあつた。

日本《ヤマト》べに風吹きあげて雲離れ退《ソ》きをりとても吾を忘らすな

これは神女（龜姫）の歌である。卽ち神女が浦島子に殘して行つた、最後の言葉といふわけである。歌意はたゞ離れてゐても忘れずに下さいといふだけである。この歌を後で聞いた浦島子の歌つた歌は、なか〳〵よい歌である。

兒らに戀ひ朝戸をひらき我が居れば常世の濱の波の音聞ゆ

これは今日の人の心によく通ふやうな放心と浪曼性にみちてゐる。常世の濱は、常世の國の濱である。どこかしこと聞いても始らぬ遠方の仙界である。

水戸の「大日本史」に云ふ如く、浦島子一脈の仙人往來は、正史の上で云ふべきものでないけれど、この最後の歌一首だけは、わが上代人の精神生活を考へる上で、絶對に除外し難いものの一つである。またその歌も、なか〳〵めでたい出來ばえであつた。卽ちこれは今日の我らの心中に生きてゐる、もののおもひを十分に歌つてゐる。さうしてこの一首によつて、千數百年以前の、日本の海邊の素樸な民のくらしの情を想像すると、口に云ひ難いほどになつかしい、しかも豐かで、さらに文化的に信賴に耐へるものが味へるのである。

六

丹後國の和奈佐《ワナサ》の天女《アマヲトメ》の物語は、いつの御代のことか明らかでない。昔々丹波の比治里《ヒチノサト》の山上に眞井《マナヰ》と呼ばれた井戸があつた。古の山《ヤマ》の井《ヰ》といふのは、泉のやうなもので、山の井の淺くと歌にあるやうに、井戸のやうに深いものでないが、極めて神聖に考へられてゐたのは、當然である。和奈佐の天女の話は、この眞井のあつた頃の昔のことで、奈良の都の頃には、眞井はすでに沼となつてゐたから、それよりかなり古い昔のことであらう。その物語をこゝで誌すのは、水江浦島子の神女のことを誌したついでに、同じく「丹後國風土記」の逸文中に見えるこの天女のことを語らうと思ふからである。

これも天降つた天女が、その所謂羽衣を人に奪《ト》られた哀話の一つであつた。天女物語などは、疑へばそれ迄の話であるが、これを想像の史實や、漂流譚風にかへて合理的に納得してみても、さういふ今の合理的な考へ方が一層の嘘である。物語や傳說の絶對性は、さういふ納得の根據と別のところで成立したものであつた。さてこの物語は、比治の眞井へ降つた八人の天女のうちの一人が、和奈佐老夫《ワナサオキナ》和奈佐老婦《オムナ》に天羽衣をかくされたといふのである。そこで七人だけは天に歸つたが、とり殘されて歸れぬ一人は、姿を示すのを恥ぢ、水中に身をかくしてゐると、老夫婦は「願はくは我が子となれ」と語る。天女は止むなく承諾して、衣を戻し給へと乞ふと、老夫婦は用心して渡さぬ。そこで天女は「凡そ天人《アメヒト》の志、信《マコト》を本とするに、何ぞ疑ひの心多くして、衣裳を許さざる」と云《イ》ふと、老夫は「疑多くして信無きは、率土《コノクニ》の常なれば、此の心を以ちて許さざると曰ひき」と恥ぢつゝ、衣を歸して家に伴ひ歸つた。かうして天女が老夫婦の家に居ること十餘歳になつたが、この天女は長命の美酒を釀すことを知つてゐて、これを求めにくる者の絶えまなく、老夫婦の家は忽ち豪富をなした。その上土地一帶が富むに到つたので、こゝを土形富む土形里《ヒヂカタノサト》と呼んだ。これが後世に比治里と云ふやうになつたのである。

かうして家が富むと、老夫婦は次第に天女につらく當り、つひに我家から追ひ出さうとした。何故にさういふことをしたが、そのわけは誌されてゐないが、今日の考へでその想像をする代りに、かうした古の物語をそのまゝに、實例の一つとして受取つておきたい。天女は涙を流して門を出たが、そこの里人に次のやうに訴へた。「久しく人間《ヒトノヨ》に沈みて天に還ることを得ず、復親故《ムツマ》じきもの無ければ、居るべき由を知らず、我如何にせむ如何にせむ」と悲んで、涙を拭つて天を仰いで歌つた。

天の原ふりさけ見れば霞立ち家路まどひて行方知らずも

かうして荒鹽の村へきて、又里人に「老夫老婦の意を思ふに、我が心荒鹽に異なることなし」と語つた。心荒鹽といふのは、心が潮騒の如く荒々しく騒ぐ意味である。荒鹽の里の名はこれから起つたのである。又哭木《ナキキ》村といふのは、天女が槻の木に倚つて泣いた跡である、かうして竹野郡の船木里の奈具《ナグ》村へきたが、「此處にして我心平《ナグ》しく成りぬ」と語つて、此村に留つた。

この和奈佐の天女の哀れな物語には、今の世の思ひが多い。貪慾な老夫婦に配した、天女の物語は、この天女がやさしく悲しく哀れなだけに無限に生命をもつてゐる。老夫婦から追ひ出された途中でありながら、しかも、

我が心荒鹽に異るなし

と悲しんだ心もちは、心に悲愁を思つて波のうね〳〵よせかへす音を聞き、そのさまを眺めた人にはわかることであらう。この天女はつひに天に歸り得ず、この地に止つたのである。しかし風土記逸文では、この天女は、竹野郡那具に坐す、豐宇賀能賣命《トヨウカノメ》だと語つてゐ

る。豊宇賀能賣命は、保食神《ウケモチ》と云はれてゐる。食事を司る女性の務めは、家に於て大きい権力をもつが、その根柢に於て、この天女のやうにやさしい犠牲の務めであつた。それは日本の女の美徳のおのづからなものの一つである。この物語を悲しみ、あはれと思ふほどに、美しい心をもつ女たちは、この天女に似た心をもてばよいのである。あへて説法として强制する必要はなく、又本人は他人をうかゞふこともないのである。

この和奈佐の天女の悲しい話は、御代はさらに遠い太古のことかも知れない。これは我國土へ降りてきた天女の中で、最も淸らかであはれな話である。これに比べると他の天女物語には、近い世の遊女の情のやうな色彩が多かつた。世の中のすき心とても、男女自然のみちは否定すべきでないが、和奈佐の天女には、さういふ色彩が全然なく、これが一段と美しいわけである。天に歸らず、人生の幸福も味はず、不幸に始り不幸に終りつゝも、自然に心の平《ナグシ》を得て、そのまゝ神と鎭つたといふ話は人生の思ひとして、何か切實に心うつものがある。これをあきらめ心と云ふには、物語があまりに自然である。物語の貴女は、必ず天上に歸りこれを惜しみつゝも、ひきとゞめる現世の力のないことを現すものだが、この天女は人より弱い運命に身をゆだねて、云ふ甲斐もない田舍の老夫婦にいぢめられ、つひに率土に止つて神となつた。

まことに神と鎭るやうな天女である。水江浦島子も、古から社に祝はれてゐるが、鴨長明はその社のことを誌して、浦島子の傳記を案じると如何にも神として祭られるやうな、めでたいありがたい人柄だと、己の思ひから嘆息してゐるが、和奈佐の天女にもさういふ今の世の思ひが起るのである。

さて雄略天皇の御次には、淸寧天皇が卽位し給ひ、ついで顯宗天皇仁賢天皇が高御座に卽かれるについては、多少の物語があつて、その間には太古の女性生活を考へる上で暗示となるものもある。ついで武烈天皇卽位され、その後に繼體天皇が立ち給ふについて、こゝに上古史上の繼承についての一先例が生れ、これが歴史上では今後重い政治の問題となりこゝに大化改新の一大項目が、外交問題の他に加ることになつた。しかしそれらのことを申すのは本稿の主旨ではない。こゝに繼體天皇の御卽位に盡力したのが、大伴金村、物部麁鹿火《アラカビ》等であつた。この大伴、物部二氏は、先帝に仕へ奉つて平群氏を誅して以來、これに代つて勢を振ひ、これより兩氏が國政の權要に當り、大陸經營を擔當して、蘇我氏現れる迄は自家の時代をなしたわけである。わけて大伴金村は六朝に仕へ、四十三年間大連の位置にあつた。麁鹿火も繼體天皇御宇の初より、三十四年その任にゐたのである。

當時の日本の政治問題は、半島問題が一大綱目であつて、その頃の政爭及び貴族間の勢力の隆替を知るについては、外交問題とそれに關聯の多い思想上の見解を合せ考へる必要がある。卽ち三韓問題では、當時のわが政府內に新羅を重んずる派と、百濟を助けんとする派が傳統的にあつて、この外交問題上の兩派が、蕃神問題（渡佛問題）で、思想的に判然と對立した。外交政策上で二勢力の對立することは、古今軌を同じくし、往昔のことを今日に照し合せるなら、大いに想ひ當るものがある。

當時三韓は半獨立狀態で、新羅、百濟各々日本及び支那に好を通じてその獨立を維持せんとしてゐた。大體に朝鮮といふ土地は、東洋歴史上で獨立國の名實兼ねて存在した例がないのである。こゝに當時の日本の國論では、新羅を助けて三韓を統一するか、乃至百濟を助けて同一のことをなすかは、外交上の問題だが、國內對立の契點であつた。尤もこの問題は數代以前よりのことで、雄略天皇御宇の始めに新羅と疏遠となり、百濟の再興を助け、そのうち新羅を救つて高麗を討つた後に新羅親征を議したが、神託あつてこれを止めたこともあり、さらにその後にも問罪の軍を策してゐる。

これら上代の外交問題は、平群、大伴、物部と云つた諸氏の對立を加味し、雄略天皇御宇以降は反覆常ない三韓に對して、百濟による半島統一を助け、任那日本府を維持することを大體の國策とし、この大綱も變遷あつた後欽明天皇の遺詔によつて決定し、やがてこれが、聖德太子、中大兄皇子の攝政の第一の課題となるのである。しかるに欽明天皇御宇の初めに於ても、なほ新羅派と百濟派が朝廷で對立し、大伴金村の失脚によつて一時は物部氏ら新羅派が有力となつたが、これは實は物部氏の謀るところであつた。されど大勢動かず。結局物部氏が朝廷の新羅派を率ゐる結果となり、これが佛教問題では排佛を唱へた。新羅派の大策士が有名な日羅である。この日羅はつひに百濟の使者に暗殺せられ、かくて彼の祕策は用ひられず、平群大伴物部蘇我諸氏の權威の爭の衰退し下火となる間に中大兄皇子の三韓放棄といふ結末となつたのである。

こゝに繼體天皇の朝廷に於ては、金村及び麁鹿火が二權威を示したのであるが、すでに外交上の問題が內外に活潑になつてゐた。ところが當時の政局にはなほ複雜な事情あつて、物部氏或ひは日羅の方略は用ひられず、百濟をあくまで助けるといふ結末に落付いてゐる。卽ち最も强盛なる新羅を支援して三韓を統一せしめる代りに、弱體の百濟の哀願を救はんとしたのである。この政策は物部氏の本意でなかつた。

　麁鹿火が、その妻の忠告をうけて、百濟に任那の四縣を割讓するとの敕命の傳宣を拜辭したことは、恐らく自らの情によるところ多かつたと思ふ。百濟に任那の四縣を分け與へることは、當時の國策によつたのであるが、今日より見て遺憾な外交であつた。こゝに後の三韓放棄の最大原因が胚胎したと考へ得るところである。外交破綻の因は、敵國の强盛によらず、支國屬國の哀願や懇望や足るを知らざるつけ上りによるものが多い。皮肉にも麁鹿火が日本領たる任那四縣を百濟に割讓する詔敕の傳宣を命ぜられた時、その妻はこれは敕命としても、これを堅くとゞめ奉るべきであるとて、夫をいさめて、「夫れ住吉大神、初め海表《ワタノホカ》の金銀の國、高麗、新羅、任那等を以て、胎中にまします譽田天皇《ホムダノスメラミコト》に授け託《マツ》れり、故に大后氣長足媛尊《オキナガタラシヒメ》と大臣武內宿禰と、國毎に初めて宮家《ミヤケ》を置きて、海表を藩屛と爲し、其の來《アリタ》ること尙し、抑た由有り。縱《モ》し割きて他に賜はゞ、本の區域に違ひなむ。綿世《トヨキヨ》の刺《ソシリ》、詎《イカニ》ぞ口に離れむ」と云うた。

　この麁鹿火の妻の論は、まさに國意の正論であつて、實に神教に從ふものである。不幸當時の國策が、太后に神かゝりして託けられ給うた神教の結果に從はず、先づ新羅を討たれたといふ事實を政策論として考へ人爲人工の外交政策を强行したことは、遺憾ながら三韓放棄の因となり卽ち後代無限に批判を受ける所以である。

麁鹿火は、自らは勿論その理に通じてゐたし、これを本意ならずとしてゐたが、勅命如何ともなし難く思つたのであつた。こゝでその妻は病と稱し給へとすゝめてゐる。なほこの時天皇の皇子なる勾大兄皇子もこの割譲を阻止せんとし給うて、同樣に神功皇后の神教に從ふと唱へられ非常の處置に出んとされたが、これも御本意ならなかつたのである。これをみれば當時三韓征伐によつて得た任那の地を、皇軍から離れた政治によつて、屬國に割譲するといふことに對して、鬱勃たる反對は大きく動いてゐたことがわかるのである。

「日本書紀」をみれば、この割譲問題をめぐつて、百濟の贈賂の横行したことも明らかで、まことに遺憾なことである。

　大政治家の夫人が、政治に介口することを、支那風の政治の學では大いに嫌つてきた。これは必ずしも眞理でないが、大凡眞理となり易いのが實相である。但し麁鹿火の妻の如きは、政治に介口したのでなく、神教につゝしむ己自らの心を示したのである。わが上代の秀れた女性の政治的關與は、こと人間と現實の問題に關せず、すべて神事の大本にかゝはつてゐた。こゝに關する限り、これすら一概に排斥するのは儒風亞流にすぎず、むしろ好ましい例が多いのである。

　近代の政治家の夫人では、原敬妻が、さういふ點で氣象秀れてゐた女のやうに思はれる。原敬の妻は夫の生前も一切社交會に出でず、夫の薨去した時には、その死骸を官邸に運ぶことを辭し、生あつてこそ國家の大臣であるが、不慮に死してその待遇如何かも不明なる時に、大臣官邸に死骸を運ぶことはつゝしみたいと語つた。原敬はともかく近代の代表的政治家であるが、その妻も氣象の定つた得難い女性と考へられる。一般に志ある政黨政治家はその家庭に於て、つねに子女に最低生活の線を守らせることを信條としてきた。子女の贅澤は、已の一朝の變によつて低下せしめ難いのが情だからであらう。男子の大事業には浮沈極りないものであるが、主人が一變に遭うて、家庭の諸費を切り下げるといふことは、女にとつて容易なことでない。諸々の惡に破れ志を失ふ因はこゝに發するのである。

故に天下の事業を志した者は、つねに家庭後室の諸費の擴大を抑へてきたものである。このことは志業と營業の現れの異るところである。實に封建以後天下國家に任じた者の、傳統の教へであるから、世間の女性が必ず心にしておくべきところである。婦人の衣食住の小不平や、物欲に基く虛榮虛飾が、志ある男子の志を歪めた例は多いのである。かゝる婦女の情に傾けられる者が、天下の志業に關りあるまいと申せばそれまでであるが、まづこの實例は、考へると大小とりまぜて周圍に思ひ當るものであらう。女性は人生を開拓し志業を拓うて、功の終り有るといふよりも、生れて嫁すことによつて、多く身邊の決定するものである。さらにつゝしみなくてかなはぬ理由はこゝにもあるのである。

七

さて勾大兄皇子は、さきに申したやうな御志厚き御方であつたが、この皇子が、初めて春日皇女を聘された時、一夜清談せられて、互に長歌を唱和せられたことは、古い物語の中で有名な風雅の一つとされてゐる。後の安閑天皇竝びに皇后に御坐す。この天皇は三韓問題では先帝の御方針と異らせ給うたのである。

この皇后には、皇子御子いまさず、それを歎き給うた御言葉が國史にしるされてゐるのである。従つて次の宣化天皇は安閑天皇の御弟皇子が即位し給ふ。大伴狭手彦が任那にあつて三韓を鎭めたのはこの御代で、狭手彦は金村の子、多くの美しい物語の持主であるから、英雄として大いに世に宣傳せられた人であらう。風土記にも、九州の國々での物語があつて、著名な松浦の褶振《ヒレフリ》の傳説の主である。

宣化天皇の御次が、欽明天皇の御代で、この時代に入つて、わが上代史は各方面で一變する感があり、すでに聖徳太子、中大兄皇子とつゞく時代の大綱は、この天皇の御代に現れてゐるのである。御親政の初めに新羅征伐を議せしめ給ひ、これは物部尾輿の奏議によつて止つたが、ここに六朝に仕へた大伴金村隠退の機が生じ、諸政一新の風雲が起つた。しかし尾輿の新羅援助の意見もつひに朝廷を左右するに到らず、國策要綱は依然新羅討伐百濟援護と定まり、この政策によつて日本府を恢復せんとし、この天皇の政治の大御旨が、この以後大化改新に到る迄の國策の中樞を決定し、内治外交に當つて、聖徳太子中大兄皇子は、いづれもこの天皇の御精神に即せられたのである。されば欽明天皇の御治世を明らめることは、實に大化改新を中心とする上代史の頂點を知る肝心である。

この天皇御一代は殆ど三韓問題に終始し給うた。時に百濟に聖明王あり、これが卓越した人物にて、わが朝廷に親近し、當時のわが外治問題はこの王を中心にして動いた。またこの王が初めて我國に佛教を公式に傳へ、朝廷でこの採否を議せられた時、物部中臣らがこれに反對したのは、思想上の問題であるが、外治上でもこれらの諸氏は新羅に傾いてゐたのである。されど崇佛問題に於ては、大御心大凡拜佛に傾き給うてゐたのである。されば文物内治に於ても、異土のもの多く加り、國史は旺んな有様を呈し、國情は一變して複雜となつた。しかしこの御宇に於てつひに新羅は任那官家《ミヤケ》を滅し、この時に當つて天皇の下し賜つた詔は、今拜讀しても臣子の腸を絶つものがある。實にこの詔が百濟援助新羅征伐日本府再興の國策を決定する因と拜せらる。かくて大規模の新羅征討軍が發せられたが、調伊企儺《ツキノイキナ》及びその妻大葉子が敵に捕へられたのはこの時である。伊企儺が「新羅王我が尻を食へ」と叫んで死んだ話は美談として、今日文明の世に幼學の童兒さへ知らぬものがない。

　韓國の城の上《へ》に立ちて大葉子は領巾ふらすも倭へ向きて

この歌はやはりこの時に大葉子が歌つた辭世と云はれてゐるが、歌がらから見れば、大葉子の壯烈な最後に、日本の方に向つて領布を振つてゐるさまを眺めた當時のわが將兵の作でないかと古より學者は云つてゐる。自分もこのやうに解釋するのである。しかしこの役には日本軍利を失つたが、さきに云うた大伴狹手彦は長驅して高麗を攻め、その王城を陷れた。しかるにこの頃新羅より朝貢使が來朝し、これは歸國せずに我に歸化したのである。

かういふ上古の狀態は、一見奇妙であるが、國家間の紛爭が永びくとかうした奇妙な狀態に入るのであつて、征討軍をうけてゐた新羅が、一方で朝貢使を遣してゐるのは、新羅内部に於ても親日派とも云ふべきものあり、わが朝廷にも新羅派が多く、この間に連絡切れぬ故である。けだし朝貢使は今なら外交官に當る。さらにさきに云うた百濟の聖明王は新羅に全面的攻撃をなす準備中に要撃せられて死んだのであるが、このことについては、我より新羅に通謀して機密を漏らした故であると、云はれてゐる。

　ともかくも欽明天皇の御代は、任那日本府の問題に終始し、かくて遺詔あつて、今後の國策を決定せられたのである。されば次の敏達天皇の御代に、日羅が百濟より歸朝し、これが百濟の實相を説いて、新羅を援助する祕策を上つた時、やゝ風雲起る感であつたが、日羅は百濟國の使者に暗殺され、先帝遺詔の方向はゆるがなかつた。この時代には、蘇我馬子、物部守屋が相對し、渡佛以來三十三年にして、崇佛の可否が重大な政治問題化したのである。蓋し先帝の遺詔にある對外國策についても、早くより分爭し、かうした政局の重大化の中で、敏達天皇崩御遊ばさる。かくて次の用明天皇の御代に到つて、崇佛問題は政局激化の導火線となり、物部蘇我兵仗をとつて雌雄を決せんとする情勢に到つた。しかもこの間にも繼承問題あり、穴穗部皇子《アナホベノミコ》介在し給ふ。しかるに不幸にして用明天皇は御在位僅か二年にして崩御遊ばさる。但し聖壽御六十九に御坐した。こゝに繼承の問題起り、蘇我馬子先づ穴穗部皇子を弑し奉り、又宅部《ヤカベ》皇子を弑してつひに物部氏を滅す。この時捕《ト》鳥部萬《リベノヨロヅ》の美談あつた。これが蘇我馬子家の暴逆の始りである。しかも蘇我氏が忽ちに朝廷に權勢を得たのは、外戚家としての位置によるものである。かくて馬子の黨は崇峻天皇を奉ず。時に天皇の御齢六十八に御坐す。然るにこの天皇御在位五年にして崩御し給ふ。時に馬子大逆あり。こゝに群臣繼承を議して、推古天皇卽位し給ふ。卽ち女帝の御始めである。推古天皇は欽明天皇の中女、用明天皇の同母妹にて、敏達天皇の皇后にましました。時に聖齢三十九にて、これより御在位三十六年、崩御の時は、御七十五歳にあらせられた。聖德太子を攝政とし給うて、たゞならぬ時代を鎭め給ひ、內治、文明を躍進し、外治を整へ、國威を海外に示し給うたことは、聖德を推慮し奉るに餘りある。

かくて又も繼承のことについて、深刻な問題もあり、舒明天皇卽位し給ふ。この御代の九年に、上毛野形名が將軍として蝦夷を討つ。この時妻も軍に從つた、すでに云うた如く、上古軍陣には、妻妾を具してゆく風があつて、この文章の旣出の女性にも、夫に從つて從軍した女性歌人が現れてゐる。醜女と云つた言葉を見ても、上古に女兵のあつたことは想像されるが、懷姙して子を產むを天職とする女性には、軍陣のことは常態でない。神功皇后が、かりに男裝して軍をおこすと申されてゐることから、その間の事情を察すべきである。されど女兵としてでなく、陣中の駐在軍政に當る間に、女性も亦その天職を以て家庭に從ふことは自然の勢である。外地駐兵が、年を重ねるうち、官舍を建てて家庭を呼ぶ風は、今もあるが、軍政の實狀と計畫を考へる時には、妻妾の軍に從ふことはあへて不自然でないのである。上代の征伐は、征旅悠然として軍政の施行に重點をおいたから、上古軍陣の女性は、必ずしも後世の木曾義仲の妾巴の類の女丈夫ではないのである。

上毛野形名妻のことは國史上の美談として知られてゐる。その行狀を日本書紀によつて述べると、「大仁上毛野君形名《カミツケヌノキミカタナ》を拝《メ》して将軍と爲《シ》て討たしむ。還つて蝦夷の爲に敗られ、走《ニ》げて壘に入る。遂に賊の爲に圍まる。軍　衆《イクサノヒトドモ》悉に漏《ニ》げて城空し。将軍迷ひて所如《センスベ》を知らず。時に日暮れて、垣を踰えて逃げむと欲す。爰に方名君《カタナノキミ》（形名）の妻歎きて曰く、慷《ウレヒ》き哉、蝦夷の爲に殺されなむとすること。別《コト》に夫に謂《カタ》りて曰く。」即ち妻が形勢の非を慷み、又敗軍して自ら城を棄てんとする夫の心《コ》を慨いたのである。さうして次の如く云うた。

汝《イマシ》の親等《ヲヤタチ》蒼海を渡り、萬里を跨えて水表《ヲチカタ》の政《コトム》を平けて、威武を以て後葉《ノチノヨ》に傳へき。今、汝ひたぶるに先祖の名を屈かば、必ず後の世の爲に嗤はれなむ

と語つて夫を勵まし「乃ち酒を酌み、强ひて夫に飮ましめ、親ら夫の劒を佩き、十の弓を張り、女子《メノコ》數十《アマタ》に令《ノリゴト》して弦を鳴さしむ。既にして夫更に起ちて、伏　仗《オケルツハモノ》を取りて進む」妻を初め、女たちが、酒を酌んで夫たちを勵ましたあとで、自ら武器をとつて立つたので、敗軍に疲勞困憊した殘り少い味方も、再び勇氣をよみがへらして立ち上つたのである。これをみて蝦夷らは、形名の軍悉く破れて多く落ちたと思つてゐたが、實はなほ多數の軍衆があつたのだと思ひ違へ、忽ち圍をといて退く。こゝに於て一時退散した味方の兵も亦集り、これより却つて蝦夷を追撃して、これを大いに敗り、以て悉く虜にしたのである。

この話は軍陣の日の女性の最後の志を示してゐる。軍政の表面のことに關らぬことを尊ぶ妻たる女性の、最後のはたらきぶりをよく示してゐるのである。形名の妻は、自分が死ぬ覺悟をなす狀態に到つてから、悲壯な述懷をしたのである。しかしこゝの日本書紀の本文を見ても、形名の妻は夫の代りに敵陣へ斬り込んだとも、かくて敵を蹴散らしたとも描

いてゐないのである。形名の妻は、絶望した夫とその疲勞した精兵を救ふことを願ひ、その勇氣の恢弘を計つたのである。けだしこれは大なるものに仕へる心の現れである。それらの精兵が、實に本然の皇御軍の大なる姿にかへれば、必ずその皇御軍の心が戰にうちかつと信じたからである。形名の妻は、夫にたよれぬから、自分で軍に臨まうと云うたのではない。君の現身にはたよれずとも、その中の本然の心の囘復を念じたのである。これは皇御軍の眞髓を知る人の考へ方である。こゝで祖先が大君の邊に生きた日を囘想することが、本然のものを呼びさます原理だと考へたのである。これが國史の囘想といふことである。我が心持より、夫やその精兵の、本然の志を、皇御軍として信ずるところが厚かつたから、たとへ皆が駄目になつても、女ながらも己がゆくとは云はなかつたのである。自身も現世の功名を考へなかつたわけである。夫やその精兵のもつ本然のものを信じ、それを再びこの絶望の中で呼びさまさせようとした。これがわが女の道である。卽ち夫に仕へ、君に仕へた道である。人間としての己よりもさらに大なるものを信じる心持のあらはれである。この心持は、時の勢ひによつて、女自身が太刀を振ふきはに到るかもしれぬ。しかし重大なことは、こゝで形名妻の如くに、信ずるものを念ずることである。異國ではこの風がない、むしろ夫をすてて己自らの豪力を發揮する例が美談とされる。これはわが道でない。形名妻は夫の本然のものを恢弘し、わが夫の君に仕へ奉る道の全からんことを念じた。これは夫は夫、婦は婦といふ形で、別々の功を思ふのでなく、一つに仕へ奉る道を念ずることである。夫婦が仕奉の道で一體となることの具體例である。かくて形名とその精兵は、本然の勇氣を囘復し、仕へ奉る道を全うしたわけである。こゝで形名の妻が敵陣中に斬り込めば、恐らくかかる女性は蝦夷を破つたかもしれぬ。されどその自己の功を建てることによつて、形名及びその精兵の眞の生命を永久に殺すこととなるのである。こゝで形名及びその精兵の忠義を生かせたことがありがたいのである。こゝでは失はれたものは何一つない上に、形名の妻は皇御軍を勝利に導き、一度各人の人ごころで絶望にあつた皇御軍が、その本然の生命に囘復してゐるのである。

これは勘定問題のやうだが、形名の妻の場合を例としても、そのなし方によつては同じ効果の上で、どれだけの損得のさしひきがあるかといふことは、小學生にもわかる算術問題である。しかるに今日の名流とか指導階級といふ女性や、その他廣い面でも、かういふ簡單な算術さへ、實際の人心問題としては行つてゐないのである。しかしこれは今の人の算術の頭腦が衰へたからでなく、道の思ひや仕へる心や、心情の美しさやしとやかさといふことを、大方の人が忘れた結果だらうと思ふ。若い人は、古から千數百年と傳つた美談については、これをくりかへし考へるべきである。それをくりかへしてゐる間に、必ず人生を豐かに感ずる興や、道を厚くする教訓を自得するのである。このことが文學の趣味の最も高いものの一つである。

〈解説〉

『曙への夜の橋』は架かったか

大竹史也

保田與重郎という人の活動は、今から見ればかなりの長期間にわたっているが、そのイメージを固定したアイロニカルでデスパレートな文章というのはそれほど長く書き続けられたわけではない。やたらに昂揚した大仰な調子、あるいは全く他人を意に介さぬふうの独特の雰囲気漂う文章はやはり、若くなければ書き得ないものだったのだろうか。むろん、単に無茶な書き方をしていたわけではない、というのは保田自身折に触れて述べていることだ。例えば次のような文章。

僕は責任をもち得ない言動を、空語閑談の形式で發表する自由は今さら要求しない。それは明らかに文學者の權利としてあるからだ。さうして私は今さういふ文學者が、文學者の權利にかへらねばならぬことを痛感してゐる。

（「旅信」昭和十三年）

保田が「書くこと」について自身の考えを述べた一節だ。一見してずいぶん無責任な考えと思えるが、この文章はもちろんアイロニーに富んだものであって、額面どおりに受け取っては馬鹿を見ることになる。もっとも、アイロニーとしてであろうとこのようなことを書ける、というのは確かに保田の強みだった。自分の「責任をもち得ない」言動をも「空語閑談」として書く権利があると言い放つ。自分の作物を真面目に受け取ってほしいと考え、かつ真面目に書いてしまう書き手には、容易に書けない文章ではないか。それに対し、単に真面目な態度をあらわにすることでは表現し得ないものがある、と示したのが保田だった。アイロニカルな文章を前にした読者は、たとえ文意をつかめずに困惑しようと、目にする反語そのものにおいて何かを感じ取ることができる。どのような身振りが己というものを有効に伝えるのか、保田はよく考えていた。

むろん、文学者は「責任をもち得ない」ものを書いてよいなどと言いたてることは、保田がこれを書いた当時にあっても乱暴過ぎる態度だろう。しかしこれは、別段、書かずともよいものを書けといっているわけではない。よそ目には無駄口と見えようと、書かねばならないものがあるならば何らかの形式を与えなければならず、それを保田は「空語閑談」と呼んだのだ。文学者の仕事はあくまで書くことであって、それ以上のことはあえて思うまいという宣言として取るならば、書くことを他の営みから解放しようという意思も感じられる。責任を取るために手を縮めるなら、責任を取らずに自由に書け。それでも書かぬよりは良い。そうした自由さの中からこそ、自分の待ち望む「詩」は生まれるのだ——。

我々に必要なものは積極の表現である。しかも日本で積極の表現の指導者はまだない、(中略)しばしば私は心娯しくない日が多いけれど、さういふ日にさへ、日本に必ず生れてくる人物を考へる。(「戰爭と文學」昭和十三年)

当時の保田は、同時代を創造的に描き得る、一個の詩人が現れるのを切望していた。自らなし得る以上の天才を待つというのもデカダンスの態度ではあるが、自ら「曙への夜の橋」と標榜し、すすんで頽廃を選んだのが日本浪曼派だったことを思えば納得も行く。

保田は、「正しいこと」をそれが「正しい」という理由で書く人ではないし、自らそれを認めるにやぶさかでないだろう。あるいは無責任という呼び方も的を射ているかもしれない。しかし彼は、自分が考える「詩」については、むしろ誠実に希求していたし、「空語閑談」という形をとる必要があったにしても、自分なりの誠実さを発揮する段取りについては心得ていた。あえて言えば保田は常に誠実であった。

もっとも、保田のような態度につい誠実さを見てしまうのは、私が当時の保田に世代的な近しさを感じてしまうゆえかもしれない。むろん保田と私の間には、生年で六十年以上の隔たりがあるのだから、直線的に同世代性を感じ得るとすればそれは単なる錯誤だろう。しかし、今日び保田を読むというのに、何の手づるもなしにとは行かない。彼がつづった文中に漂う同時代に対する苛立たしさは、今時のものでも不思議はなく、頽廃をいうならば、後代の私たちの方がより頽廃していることだろう。将来にかける期待の大きさだけがより小さいということもないのだ。


翻って『日本語録』を見る。「かゝる書物の性格として、多分に時代的色彩を帯びることが當然ではあるが、著者は努めて永遠な我が歴史観を明らかにしようとしたのである」との書きぶり。大仰な構えは保田に似つかわしいものだが、伝える姿勢は至って真面目なものだ。

その通り、この『日本語録』を通して保田は随分と真面目であり、肯定的なのだ。肯定的であるというのは、通常の書き手であるならばおかしいことではないのだが、従前のような文章に慣れた読者ならば当惑を誘われることだろう。保田の文章は読みにくいという。それは多くの場合、彼の用いる奔放な語彙や、文法を必ずしも尊重しない書き方のせいにされるのだが、本当に文意を取りにくくしているのはこの落差、時期による保田の態度の差なのではないだろうか。比較的初期における保田の文章は、反語の表裏を自由に翻すことで読者を戸惑わせつつも、そうした形の文章を書かざるを得ないという態度自体が、一つのメッセージだった。現在でもそのメッセージを読みとることはさほど困難ではない。しかし、率直に肯定的な文章が現れるとき、従前の読み方は通用しなくなる。「はしがき」にあるように、この『日本語録』は「修養に資す」ための本であって、読者も真面目に読まなければならないのだろう。

『日本語録』が出版されたのは昭和十七年。さきにひいた「旅信」からは四年の月日を隔てている。その四年の間に、日本が戦っていた戦争は一気に緊迫の度を増していた。ここに至り、保田にあっても反語を弄する余裕はなくなったと見るのが、とりあえずの正解かもしれない。年齢も二十代から三十代へと進んだ。平均寿命が五十歳に満たない時代の三十代であることを考えれば、保田にしても思うところがあったかもしれない。ここまでの変化をどうとらえるかは論者によって異なるだろうが、私にとっては、やはり「若さ」がなつかしい。

もっとも、保田とて「若さ」をそのままに肯定し続けることができたわけではなかった。それだけでは不十分なのだ。

私は今日の青年の樂天性とデカダンスに表現を與へる演出者を希望してゐる。それは「詩人」の元來の意味の體現者でなければならぬ。詩をかく、批評をかく、小説をかく、さういふエキスパートではだめである。信念と至誠と大膽をもつ創造者が入用である。でなければ現實の崩壞を助ける批評家だけがよろしい。どんな方法でもよいから、現狀の守舊勢力を嘲弄し、惡態づく、破壞的勢力のかけらだけでもよい。小説家を分類して各省御用の專門文學者を作るなどもつての他のことである。（「青年の樂天的傾向について」昭和十四年）

ここで保田は、すべての悲観的な見通しを通過した青年たちがアイロニカルな楽天性を身に着けたと前提して、なおかつその楽天性に表現を与えなければならないと言う。このデカダンスは、日本浪曼派の「曙への夜の橋」という名乗りと対応している。次代の天才を予期するがゆえに自らは落ちることを肯定したのだったが、青年たちは十分に頽廃したにもかかわらず、それを受けて立つ表現者は現れない。頽廃が頽廃のまま、形を得ずに拡散しようとしている。

考えるまでもなく、これは当然起こり得べき事態だった。そう都合よく、新しい時代をうたう詩人が現れるとは限らないのだ。結果として、保田こそがその代表である「現實の崩壊を助ける批評家」は自分が崩壊を助けた現実の前に、あえて語るべき言葉を見いだせなくなる。

その後を受けるものとして『日本語録』を見るならば、ここに至っての肯定は、批評家自らが苦しみつつ、同時代に表現を与えようとしたものと考えることもできるだろう。自らの言葉で語るより古人の言葉に語らしめようとしたのは批評家なればこそだ。しかしここで、自らの若さがつづった文章の責任をとるかのような振る舞い自体に一種のアイロニーを感じるならば、さすがに読み手の不真面目さを責められるだろうか。

保田與重郎文庫　26　日本語録／日本女性語録
二〇〇二年四月　八　日　第一刷発行
二〇一五年二月十一日　第二刷発行
著者　保田與重郎／発行者　中川栄次／発行所　株式会社新学社　〒六〇七―八五〇一　京都市山科区東野中井ノ上町一一―三九　TEL〇七五―五八一―六一六三
印刷＝東京印書館／編集協力＝風日舎

ISBN 978-4-7868-0047-4